Umilmente.com

(blog chiuso)

Un libro di

Pietrochag

(Pietro Scala)

Saggezza priva di Saggi

Giochi di pensieri che cercano una scusa per esistere

Umilmente.com

By pietrochag -

Pietrochag è il nick col quale sono conosciuto su internet, in particolare tra chi segue il buddhismo.

Con questo nick, alcuni anni fa, ho scritto un altro libro, seguendo lo stesso metodo di questo, cioè, raccogliendo i testi scritti altrove e mettendoli assieme in un volumetto.

Che senso ha fare questa operazione?

Considero questa operazione come quella che si effettua con le fotografie.

Oggi, con internet, con gli smartphone, si fotografa di tutto, ma al primo errore di manovra o per qualsiasi incidente, tutte le foto vanno perse.

Ecco, io stampo le foto che faccio e che mi piace avere. Preferisco averle in carta.

Anche per i testi che scrivo in internet e mi appaiono interessanti, faccio la stessa cosa.

Inoltre, mettendo questi testi assieme, si riesce a comprendere anche un percorso, un cercare, un movimento nella vita, come fosse la prova che da ciò che ero, divento ciò che sono

Naturalmente, c'è sempre lo spirito della condivisione, del proporre qualcosa che possa servire anche ad altri, anche se di base, servono soprattutto a me stesso che prendo atto di qualcosa di fatto.

Sicuramente non è un libro per fare soldi.

Non è scritto per convincere nessuno di niente. E' ciò che ho scritto in vari momenti, in vari stati d'animo e chi lo leggerà, lo farà così come l'ho scritto, con la mente aperta e con la certezza che non c'è in esso, nessuna verità.

Solo momenti in cui lo spirito mi spingeva a scrivere qualcosa. Non ci sono secondi fini se non quello di lasciare andare la mente e la coscienza nella spaziosità della sua dimensione.

Umilmente.Com era un blog che ho curato per alcuni anni e poi ho chiuso. Perché?

Perché internet consuma. Il blog si è esaurito. Per questo ho voluto tenere i testi scritti, perché le cose svaniscono, e in internet lo fanno con una grande velocità. Non ci lascia il tempo di assaporarne l'esperienza. Internet brucia. Brucia tutto. E' necessario rimanerci poco, e le cose fatte, se sono amate, è necessario recuperarle da questa parte del monitor, altrimenti bruceranno senza nemmeno lasciare il tempo di rendercene conto.

Il contenuto di queste pagine è indirizzato a un modo di essere, di pensare. A un modo che ho vissuto per comprendere me stesso. Gli scritti variano in temi diversi, ma rimane, fondamentale la stessa visione o percezione di ciò che voglio esprimere. Crescere in armonia, conoscere, liberarsi dalle credenze e dai condizionamenti. Scoprire ciò che sono, ciò che è questo essere che alimenta questa presenza. Scoprire cos'è questa energia che mi dà coscienza, e cosa è questa stessa coscienza.

Come ho già detto, non c'è una risposta in questo libro.

Non so se serva una risposta.

Non so se cerco una risposta.

Cammino.

Pietrochag -

Uno sfigato

Posted on 7 gennaio 2014 by pietrochag

Terminate le feste di fine anno, ci ritroviamo di nuovo dinanzi alla routine quotidiana della sopravvivenza. So bene che non tutti operano nel mondo per sopravvivere, tantissimi ci vivono alla grande. Io sono tra gli sfigati che si fanno il mazzo per andare avanti in una quasi impossibile sintonia con la rincorsa alle cose da pagare. Sono sempre superiori alle mie possibilità, e le mie possibilità sono sempre minori. Così inizia il nuovo anno con vecchi ostacoli a una vita economica più serena. Per di più, da ogni parte, non si fa altro che ricordarmi che andrà ancora peggio. Sembra che ci sia una specie di gara a chi ci spaventa di più. In primis il governo, che continua a suggerirci che, anche se lavorano come dannati, non riescono a trovare soluzioni ai nostri problemi economici. Già, ai nostri... i loro li hanno risolti e li risolvono egregiamente ogni giorno. Così, rimuginando soluzioni, me ne sovviene una in particolare molto interessante: perché non facciamo tutti i politici? Con uno stipendio simile potremmo stare tutti bene. Oppure potremmo preferire incarichi super pagati di ogni tipo. Certo, mi direte che non ne abbiamo le capacità, ma osservandoli, non è che ci vogliano così grandi capacità. Non vedo alcuna persona, tra queste, portatrici di novità politiche interessanti. Avendo un'età avanzata, e cercando di ricordare vecchi personaggi, non mi riesce ad accostare questi presenti a molti del passato. Non che fossero migliori, ma almeno avevano qualcosa da dire che appariva come 'nuovo'. Oggi sento discorsi che ho già

5

sentito da quelli vecchi, discorsi riciclati, ricalcati, ripetuti. Non hanno più nemmeno inventiva. La fondazione dell'Unione Europea ci ha tolto anche l'inventiva dialettica, settore dove l'italiano riusciva a cavarsela piuttosto bene.

Appare comunque insolito il fatto che una Nazione d'inventori, come gli italiani, abbia perso quasi del tutto questa prerogativa. Non abbiamo più capacità inventiva. In qualche modo ci hanno portati a una specie di 'uguaglianza al ribasso', amalgamandoci con le altre Nazioni che queste qualità non le hanno mai avute. Non comprendo il senso di tutto questo 'abbassare il livello' della nostra esistenza, ma come ho detto, sono uno sfigato, quindi non è che mi riesce di comprendere il tutto. Però ci provo.

pietrochag

:)

Meditare è facile -
Posted on 1 febbraio 2014 by pietrochag

Secondo gli insegnamenti di meditazione, in genere si dovrebbe acquisire quasi da subito una certa differenza tra il prima e il dopo averla praticata. Se s'inizia da zero a praticare qualsiasi tipo di meditazione, si dovrebbero avere degli 'effetti' nell'arco di cinque sei sessioni. La pratica della meditazione ha effetti quasi immediati sull'umore, calma veramente la mente. Per ottenere questo risultato non è necessario fare ore di meditazione. Bastano venti minuti al giorno costanti, senza saltarne nessuno.

La semplice costanza, il semplice stare seduti con gli occhi chiusi o socchiusi, la calma del respiro, il senso di silenzio, sono sufficienti per trasformare lo stato d'animo di chiunque.

Guardandoci attorno però, accade che non riusciamo a recuperare questi benedetti venti minuti. Sembra che quando dobbiamo fare qualcosa per noi stessi, il tempo prenda a correre e ci lascia senza possibilità di recuperarne un po' per noi.

Quando capita questo, succede che la mente ha ricevuto il messaggio. La mente sa che tu vuoi meditare, e appena riceve questa notizia, entra in allerta. E' incredibile credere una cosa del genere, ma accade proprio così. La mente pensante non vuole meditare e ti ostacola.

Sì, ma se la mente è mia, deve fare quello che voglio io! O no?

Forse o no..

Perché la mente non fa facilmente quello che vogliamo noi. Piuttosto, il più delle volte Noi facciamo quello che vuole la mente.

Entrare in sintonia con ciò che vogliamo noi e ciò che vuole la mente, è una possibilità che dà la meditazione.

Aspettative

Posted on 5 dicembre 2013 by pietrochag

Tra i tanti concetti errati che ci portiamo appresso nella vita, di sicuro, l'aspettativa riveste un ruolo importante. L'aspettativa è sempre accanto alla mente pensante e osserva ogni situazione, analizzandola velocemente, per capire che cosa possiamo aspettarci e come possiamo ricavarne un utile.

L'aspettativa è la causa di molti litigi, di separazioni, di incomprensioni, di delusioni, di incidenti, addirittura si lega alle guerre, ma in genere riguarda la nostra normale vita giornaliera. E' un giudice implacabile che disturba continuamente la nostra serenità, e si presenta ogni volta ne abbia l'occasione.

Quando ci aspettiamo qualcosa da una situazione, stiamo cercando di essere veggenti, cerchiamo di leggere nel futuro, definendo un qualcosa che ci deve essere dato. Allo stesso tempo, cerchiamo di condizionarlo, in modo che ciò che ci aspettiamo accada davvero nel modo a noi più congeniale.

Siamo capaci di entrare in uno stato di tensione incredibile a causa delle aspettative. Diventiamo nervosi, agitati, tesi. Aspettiamo che ciò che ci aspettiamo si realizzi, ma fin troppo spesso, queste aspettative ci deludono.

Mi aspettavo che mi portasse almeno un fiore, invece non l'ha fatto.

Mi aspettavo un bacio, invece non me lo ha dato.

Mi aspettavo di più, invece è stato avaro.

Mi aspettavo una vita diversa, invece eccomi qui...

L'aspettativa crea sempre delusione, e quando si realizza a nostro favore, la mente pensa subito che infondo era qualcosa di dovuto. Gli altri si rivelano spesso incapaci di soddisfare le nostre aspettative, e la delusione diventa quasi una conferma a questa teoria mentale che ci portiamo appresso costantemente.

Non deludono solo le persone, ci deludono anche gli oggetti: quello smartphone mi è costato un occhio e non è come me lo aspettavo. Questi mobili non sono come me li aspettavo. Questa macchina non va come mi aspettavo e così via.

L'aspettativa non è altro che un altro concetto errato che ci accompagna nella vita, operando in tutti i modi per non farcela vivere nella libertà del nostro essere, ma limitandola alla superficie, al pensiero, al desiderio impossibile da realizzare.

Ognuno di noi si aspetta qualcosa da qualche altro, e se non si realizza, entriamo nella delusione.

Amicizie, matrimoni, lavoro, sono distrutte da questo concetto, e spesso siamo certi al cento per cento che siamo stati noi a decidere che doveva andare in questo modo. Invece è solo un pensiero, il pensiero inutile che il mondo deve essere come diciamo noi, deve essere come vogliono i nostri desideri.

Il peggio è che ci si arrende a questo concetto considerandolo corretto, mentre non lo è. E' solo un altro mezzo della nostra mente per imporre la sua inutile superiorità all'interno della nostra esistenza.

Quando non vi aspettate niente da nulla e da nessuno, la mente si quieta. E si vive liberamente.

Politica e religione

Posted on 10 novembre 2013 by pietrochag

E' sicuramente una riflessione che si fanno in molti, e senza mai trovare
un giusto equilibrio.
Penso che ci sia un errore di fondo, un errore storico, anzi pre-istorico,
sulla gestione della politica.
Infondo la politica cos'è?
E' un delegare ad altri le proprie responsabilità. Un mettere qualcuno
in un posto che gestisca la nostra vita attraverso leggi, regole, imposizioni.
Ci è sempre stato insegnato che l'uomo, senza queste regole, senza leggi,
senza qualcuno che ci gestisca, vivrebbe nell'anarchia più assoluta, tanto
che è paragonabile al fascismo più bieco, e che in questo caso, il più forte
avrebbe sopraffatto in più debole.
Ma oggi, che cosa stiamo vivendo?
Tutte le società si sono impostate sull'ordine, sulle leggi, sulla paura.
Penso a pochi anni fa, quando i 'movimenti' studenteschi o gli operai
scendevano in piazza per protestare e lottare per i loro diritti
e mi chiedo dove siano oggi queste forze.
Sono scomparse. La paura, le leggi imposte, hanno eliminato la

12

possibilità di agire. Se pochi hanno ancora la forza di reagire, vengono
tacciati di estremismo, di distruttori della società e così via.

Ma qualcosa penso che cominci a essere compresa da una maggioranza di persone.

La coscienza che queste costruzioni politiche, questa lunghissima storia basata
su qualcuno che ci deve governare, si sta rivelando per quello che è,
cioè che i politicanti e i potenti non fanno altro che creare schiavi.

Legge, ordine, punizione, paura, restrizioni economiche, carcere e così via
non sono altro che mezzi per costringerci alla paura di chissà cosa
potrebbe accaderci.

Così la politica è solo un sistema di sopraffazione, lo è sempre stato, fin dalla
sua creazione. Perché qualcuno dovrebbe essere più di me? Con che metro misuriamo questo?

In base a quanta pubblicità riesce a farsi. A quanti messaggi subliminali riesce a far passare.

E allora quella persona diventa intelligente, capace, per bene, così la votiamo
e decidiamo i nostri nuovi padroni.

Avviene in tutto il mondo e ci impongono anche che non esistono alternative.

Ma siamo certi che l'uomo libero per davvero, libero anche dai soldi, dall'economia
dal bisogno imposto dagli altri, vivrebbe davvero male?

Credo sempre che questo mondo è costruito da uomini per accrescere l'egoismo,

non per realizzare la propria esistenza spirituale.
Quindi la politica, di qualsiasi parte, non è altro che il continuare a creare
questo sistema di produzione di paura, egoismi, falsità e così via.
Inoltre, oggi sappiamo che i poteri economici sono così concentrati
in poche mani che pensare di diventare liberi attraverso un'economia
libera è pura illusione.
Il viaggio interiore, la spiritualità, può essere vissuta soltanto nella
propria interiorità.
E in tutto questo, s'inserisce perfettamente anche la religione
costituita. Qualsiasi essa sia, senza distinzione. La religione costituita
non è altro che una forza politica di controllo, che gestisce le emozioni,
a differenza della politica che gestisce di più la parte amministrativa
economica.
Il risultato è la gestione delle nostre esistenze a seconda dei loro progetti di
dominio, in altre parole creare sempre schiavi obbedienti, con tutti i mezzi
che riescono a scoprire.
Gli insegnamenti sono diventati trasmissione di tecniche, metodi,
spiegazioni, e la Trasmissione Orale tanto decantata, è diventata
un'esperienza difficilissima da ottenere. I pochi Lama in grado di dare questi insegnamenti, non trovano più

discepoli degni.
Così lascio che i politicanti continuino a fare i loro giochi, in qualsiasi
parte del mondo, che le religioni continuino a promettere paradisi mirabolanti e mi concentro su quanto posso fare da solo
per cambiare le energie negative che invadono il mondo.
Penso che tutti abbiamo ormai capito che attraverso la meditazione
si possono fare grandi cose. Anche se siamo in pochi, facciamolo,
perché non esiste scelta migliore a questa esistenza.
Buona meditazione a tutti!

;)

Questi nostri tempi…

Posted on 29 settembre 2013 by pi

Ci sono epoche dove appare quasi evidente ai più, che si è in piena spinta di cambiamento. Sono le epoche storiche che cambiano gli assetti dell'intero pianeta. Forze che fino a ieri erano preponderanti, perdono il dominio su vaste zone del mondo, e altre ne occupano il posto.

Basta pensare a quanto immenso sia stato l'Impero Romano, e a com'è scomparso. A quei tempi, quando erano forti e potenti, nessuno avrebbe mai ammesso che un giorno tutto sarebbe finito.

La storia ci racconta che la decadenza dell'Impero ha cominciato a verificarsi quando l'Etica, la Morale di quella gente è venuta a mancare e quando Roma fu invasa dagli stranieri in cerca di fortuna.

Intrighi di potere, assassinii, tradimenti, erano la regola non solo tra i potenti, ma si era diffusa anche tra il popolo. Ogni cosa aveva un prezzo, e il potere era conquistato non per capacità politica, ma con il denaro e il ricatto.

A corte si viveva di libagioni e di scatenate feste, ma in pochi si divertivano veramente, perché ognuno dei potenti temeva sempre un tradimento, un attentato, un veleno nel cibo, molto diffuso all'epoca.

La paura di perdere il potere era così forte, che erano trascurate le più elementari capacità di gestione della cosa pubblica, e il popolo continuava a impoverirsi.

Nella povertà, anche il popolo seguiva l'andamento dei loro governanti, vivendo di truffe, di tradimenti, di furti, di omicidi.

E così il Grande Impero si è diretto verso la propria fine. Ricchi e potenti signori, lentamente ma, inesorabilmente, hanno perso ogni loro bene. Le ribellioni dei popoli hanno cominciato ad avere la meglio su un esercito che non riceveva più il tributo, lo stipendio.

Il declino è stato veloce e quello che non doveva mai terminare è terminato.

Il cambiamento si è imposto ma ci sono voluti moltissimi anni per ristabilire una qualche forma di pace in questa parte del mondo.

Oggi, mi pare di assistere a qualcosa di molto simile. Il cambiamento è uno stimolo quasi palpabile. Ciò che funzionava bene fino a ieri, mi appare come diretto verso una fine, come se chiedesse a gran voce di cambiare.

Buona parte del mondo grida basta con questo sistema che si allontana sempre più dall'umano e diventa sempre più un'astratta regola imposta da chi sa chi.

Un tempo si diceva 'è scritto nella Bibbia', e appariva come Legge non toccabile. Oggi, ciò che è scritto nei manuali legali, e più di quanto fosse considerata Bibbia un tempo. Si è perso ogni contatto con l'Umano, si è diventati codici e comma, ma vale solo per chi non ha la capacità economica o politica di servirsene.

Si parla tanto di Etica, e si nasconde sotto quintali di menzogne, ma quella emerge continuamente, e continuerà a emergere finché non invaderà il mondo stesso, obbligandolo al cambiamento.

Eppure, i nostri governanti, 'i nostri' intendo degli stati più disparati, continuano a nascondere la verità a loro stessi, scavano nei labirinti delle loro menti per trovare soluzioni che comprendano la salvezza dei popoli, ma soprattutto la continuità al loro arrogante potere.

Mi viene da pensare che nel passato ci siano stati Uomini più grandi di questi, e che sono caduti lasciando piccole tracce nella storia.

L'arroganza impedisce di vedersi per quello che si è.

EFT e Crescita Personale

Posted on 21 settembre 2013

Come molti di voi sanno, negli ultimi anni mi sono dedicato ad apprendere una disciplina olistica, chiamata EFT, emotional freedom tecniques. Si tratta di una delle tante tecniche di cura e auto cura basate sia sul corpo che sulla mente, sulla spiritualità. Ora opero sul territorio e via internet, con Skype, ottenendo ottimi risultati sull'aiutare gli altri per moltissimi problemi, sia fisici che psichici. Questa disciplina è inserita nel settore olistico ed è considerata parte di quel settore chiamato Crescita Personale.

Durante le sedute, mi è stata spesso fatta una domanda: Cosa s'intende per Crescita Personale?

La risposta più sintetica che ho trovato è di un esperto di questa materia, Giulio Achille, che la definisce in questo modo: *Lo sviluppo cosciente e deliberato di un ponte verso stati interiori di Coscienza superiori all'ordinario.*

La base di questo sunto è che non è più accettata, dalle medicine olistiche, la teoria che il dolore, la malattia, la sofferenza siano tutte insite nel corpo umano. Alla luce delle nuove scoperte scientifiche, si è arrivati al punto di non poter più continuare a considerare il corpo, una cosa separata dall'Anima, dal nostro spirito, dall'essere 'due in uno', cioè corpo-mente.

Queste teorie sono le stesse che per migliaia di anni ci sono state insegnate dalle grandi menti del passato, dai testi antichi e dalla trasmissione orale anche dai nostri anziani.

La medicina tradizionale, basata sulla teoria newtoniana della Fisica Meccanica, ci ha tenuti legati a concetti puramente materiali, e oggi, con la Fisica Quantistica, abbiamo rilevato che mancava di una parte molto importante in sé: l'energia della Vita, che permette la nascita e il movimento vitale della materia nei corpi vivi.

Pur non essendo un medico, ma un semplice operatore, ho ottenuto risultati che, sinceramente, hanno sorpreso anche me, e in pochissimo tempo, senza uso di medicine, ma semplicemente unendo mente e coscienza, parola ed emozione, alla risoluzione del problema, qualsiasi esso sia, ho aiutato le persone a superarle, a guarirne. Naturalmente, affermando 'qualsiasi esso sia', mi riferisco a ciò che posso trattare, perché, onde evitare confusione, ci sono malattie e problemi che devono essere trattati dalle struture sanitarie, e io stesso, in alcune occasioni, ho consigliato delle visite specialistiche.

In alcuni casi, con due/tre sedute di meno di un'ora ognuna, ho risolto problemi che disturbavano da anni una persona. Alcune delle persone che ho trattato, hanno fatto terapie psicologiche per mesi e anni senza trovare soluzione al loro problema, e con EFT, ci sono arrivati in pochissimi giorni.

E' sorprendente come coscienza e corpo, se unite attraverso tecniche ben precise, riescono a fornire risultati di salute fisica e mentale.

Quest'attività sta assorbendo buona parte del mio tempo, ed è per questo che sto scrivendo poco sul blog.

Respirazione

Posted on 19 giugno 2013 by pietrochag

Il respiro è una di quelle cose che da millenni si consigliano per migliorare il proprio stato di salute e di serenità. E' un consiglio dettato da una saggezza infinita, da parte di yoga e di saggi di tutto il mondo.

Ho provato a cercare qualcuno che consigliasse di non respirare, non lo fa nessuno, quindi respirare, è importante, ce lo dicono i saggi. Se non si respira... si muore.

A pensarci è un'affermazione del tutto inutile, eppure ci sono migliaia di testi in proposito, e non solo nel mondo spirituale, ma anche in quello scientifico. Respirare è importante, essenziale per tutti.

Mi sono dedicato per qualche tempo a tecniche di respirazione di vario genere, cercando di capire cosa accadeva respirando in un certo modo, mettendo sotto pressione i polmoni con varie metodologie che dovevano dare risultati spiegati.

Effettivamente, a seconda di come si respira, si ha una certa condizione interiore ed anche esteriore. Il respiro profondo, aiuta molto per avere un'ossigenazione più completa in tutto il corpo. Una respirazione calma e lenta aiuta a rilassarsi. Una respirazione forzata e veloce agita tutto il nostro essere.

Siamo influenzati dal come respiriamo, ma per lo più, non ci badiamo.

Il respiro alto e veloce ci crea tensione, ci porta stress e ci fa stare sempre con gli occhi spalancati in attesa che accada qualcosa di terribile. Ci mette in una condizione di attesa al disastro.

E non sono fandonie, accade davvero. Credo sia necessario sapere come funziona. Così, se oggi voglio essere stressato, respirerò in un certo modo, se voglio essere nervoso, teso, lo farò in un altro.

La respirazione più curiosa che ho fatto, è stata quella di calmare il respiro. Ho portato questa tecnica a livelli veramente profondi. Finché un giorno, mi sono accorto che non stavo più respirando per troppi secondi.

Non ho idea di cosa sia accaduto, ma è stato come se il respiro fosse andato in sospensione, e mi sono trovato in uno stato di ... calma? . Non saprei dirlo. Stavo bene?... Non saprei dirlo ... Andava bene così.

Il ricordo di un respiro, mi ha sottratto a quello stato, facendomi ritornare a prendere la mia parte di ossigeno e riportandomi in uno stato di calma sorpresa.

Alla fine la tecnica migliore è quella di non fare assolutamente niente. :)

Risalgo il sentiero

Risalgo il sentiero un po' a fatica. A volte si pensa che quando si superi una certa età si fa più fatica, ma io ho sempre fatto fatica a salire su questa costa. Il fiatone mi veniva anche da giovane.

Cammino guardando le mie scarpe, se guardo in alto mi affatico di più perché vedo che ho ancora molta strada da fare. E allora cammino passo dopo passo. Senza forzare, con costanza. Ho imparato a camminare.

Camminare in salita e per lungo tempo non è come camminare normalmente. Un mio vecchio amico valtellinese mi diceva che bisognava mettere i piedi in questo modo. Mi ha fatto fare delle lunghe scarpinate in Valsassina, e spesso ho trascorso notti in una baita abbandonata, sopra i duemila metri di quota.

Sfacchinate incredibili. Con i viveri e i sacchi a pelo e le pentole e tutto il resto. L'unica cosa che c'era in quella baita erano i muri, il pavimento in pietra sconnesso, e un caminetto malconcio. La legna dovevamo raccoglierla nel bosco accanto, tra quella secca.

La porta era di tavole grezze, ma chiudeva abbastanza bene da evitarci il vento.

Eravamo fuori dalle comodità della civiltà.

Lì non c'era niente davvero. Spesso ci siamo trovati in difficoltà, perché la neve non avverte quando arriva, e il giorno dopo non si riesce a recuperare legna per il fuoco. Il freddo è potente, ma c'è un calore che non si può trovare da nessuna altra parte.

E lì, attorno a quel caminetto sconnesso, sconnesse parole, incessanti, in cerca di un perché alla loro stessa esistenza. Notti insonni, e i bidoni del vino che ritornavano bianchi e leggeri.

Oppure il bagno nella fredda acqua del fiume poco a valle, acqua che arrivava direttamente da un ghiacciaio più su, poco sotto la sorgente.

Pazzie prive di pazzi. Saggezza priva di saggi.

Buona domenica

Posted on 16 giugno 2013 by pietrochag

Sono in movimento. Non potrebbe esser diversamente, se non lo fossi, sarei morto. Da quando avevo circa diciassette anni, ho cominciato a guardare le cose sotto punti di vista differenti a me stesso. Col tempo, poi, mi sono accorto che mi discostavo sempre di più da una visione 'comune', condivisa dai miei amici dell'epoca. Per qualche inspiegabile ragione, ho avuto sempre bisogno di sapere. Per qualche verso penso che sia dovuto al fatto che non sono potuto andar a scuola, infatti, ho preso la famigerata 'terza media' alle scuole serali, dopo il lavoro. Erano le famose '150 ore' sindacali, dove eri istruito alla grande e infine ti davano la 'terza media'. Mi dicevano che senza di quella non avrei potuto fare niente. Non me l'hanno mai chiesta da nessuna parte. Forse non mi serviva se non per colmare un divario statistico sulla Nazione.

Per quanto rammenti, non ho appreso nulla di nuovo, ignorante ero, e ignorante sono rimasto. Ho appreso qualcosa leggendo qua e là qualche libro. Così, ricordo un periodo, dove cercavo libri 'scolastici'. Sentivo parlare di Carducci, di Greci, di filosofi come Platone, Socrate, ed anche Heidegger, Junge tanti altri, che ogni volta che li sentivo nominare mi facevano sentire sempre più la mia mancanza di conoscenza. Così ho cominciato a leggerne qualcuno, con curiosità cercando di capire perché fossero così importanti. Sicuramente non ci ho capito molto, ma di sicuro mi hanno colpito in qualche parte, perché la mia curiosità di sapere non si è mai fermata.

Si dice che non serve a nulla sapere, in alcune letture di filosofie orientali, è elevato l'ignorante, perché nella sua semplicità sa cogliere il senso dell'essere. Mentre l'istruito, il colto, si perde nel suo sapere e si eleva da solo, pregno della sua sapienza e del suo orgoglio. Non so se ho fatto bene o male a leggere, non so se ciò che sono adesso, sia migliore o peggiore di ciò che sarei stato senza alcun sapere, ma sta di fatto che ciò che so, lo so.

Tutto questo sapere, pochino a dire il vero, mi ha portato fin qui, sulla tastiera a scrivere di pensieri che vagano in una mente e dove scelgo, con attenzione, cosa scrivere e cosa non scrivere. Scelgo i pensieri da condividere con questo schermo, che magicamente, trasforma uno spazio bianco, in segni neri.

E oggi va bene, va bene così. Buona domenica.

I tre io

Posted on 27 maggio 2013 by pietrochag

Continuo ad annoiarvi con le mie riflessioni da meditante.

Devo ammettere che alcune cose che scrivo, dipendono da quello che leggo nei vostri blog, dove vivo le vostre 'avventure', spesso piene di tristezza e perfino di depressione. Leggendovi apprendo e scopro che quanto ho sperimentato, e sto sperimentando, attraverso la meditazione, mi ha aiutato a crescere in maniera importante. Considerando questo come utile a chi mi legge e come utile a me stesso, emergono questi argomenti con naturalezza.

Quando pensiamo, quando la nostra mente è in agitazione, possiamo vedere alcune cose che hanno la forza di aiutarci a comprendere il nostro stato interiore e aiutarci da soli a uscire da situazioni stressanti. Il pensiero sorge continuamente, con un minuscolo attimo di pausa tra l'uno e l'altro. Osservando con un po' di attenzione ci possiamo accorgere di alcuni fattori importanti. Il primo è che la mente sta creando pensieri, il secondo è che questi pensieri stanno riferendosi a qualcuno, il terzo è che al di sopra di questi due, c'è ancora qualcuno che osserva.

La nostra mente agisce sempre in questi tre campi. Il pensiero si forma e lo osserviamo dandogli attenzione. Quando cominciamo a renderci conto di questo, la mente si sente osservata. Quando la mente è osservata con attenzione, rallenta la produzione dei pensieri e diventano più chiari. Riusciamo a comprenderli anziché lasciare che ci creino confusione. Osservare il pensiero è uno dei principali insegnamenti che ci sono dati nel buddhismo, ma in generale fanno parte di tutte le meditazioni. L'osservazione calma la mente.

Nel secondo caso, c'è un 'io' che ascolta, analizza e decide il corso dei pensieri. Potremmo dire che è il nostro sé. Una specie di giudice interiore che decide cosa scegliere tra questi pensieri e che ci porterà a prendere decisioni. Il pensiero è sempre osservato da questa nostra 'altra parte'. Il metodo per liberarsi dallo stress sta nel dare più attenzione a questo sé, a questa parte che osserva. E' la parte di noi che sa quando qualcosa non è corretta. Sa quando stiamo per fare qualcosa che ci aiuterà o che ci danneggerà, è la parte che contiene la nostra etica. Non mente mai, ma possiamo far finta di non sentirla e continuare a vivere nel caos.

La terza parte sta sopra questi due eventi. È chiamato 'testimone'. Non è posizionabile in un luogo della mente, ma la sua presenza è percettibile. E' quella parte di noi più ampia, che comprende anche l'esterno del nostro corpo. E' una 'sensazione', una presenza. Questa presenza osserva tutto ciò che avviene in noi e appare come fosse un alone che ci circonda. Non dà giudizi, non forma pensieri. E' la presenza della nostra esistenza, se volete, è l'aura della vita, l'energia vitale che sempre ci avvolge. Siamo più grandi di un ristretto cranio che protegge il nostro cervello.

Se l'attenzione è posta su questo terzo punto, i pensieri arrivano anche a cessare. Se ci concentriamo su questa sensazione che non ha forma fisica, l'attenzione si acuisce e i pensieri nascono liberi, rari, chiari e capaci di darci bellissime emozioni. Concentrarsi per pochi minuti su questo, ogni giorno, cambierà il nostro ciclo di pensieri stressanti, dandoci una sensazione di ampiezza che è la nostra reale natura.

Ego e paura

Posted on 24 maggio 2013 by pietrochag

C'è un punto, nella nostra mente, che prova paura. E' un punto sempre presente, ed è gestito dal nostro ego, dal nostro desiderio di essere sempre attivi e di avere sempre qualcosa da fare. L'ego ha necessità di avere sempre da fare, da dire, da consigliare. Il legame che ha composto con la nostra mente è così radicato, che il suo compito è di mantenerci sempre in uno stato di attività basato sul desiderio. Continuamente vogliamo riuscire, vogliamo essere all'altezza, vogliamo realizzare quel progetto, vogliamo possedere quella tale cosa, fossero anche sentimenti.

L'ego opera costantemente in questi campi, e tutti questi campi sono legati al passato. Desidero avere, perché adesso non ho. Voglio la laurea, voglio quell'uomo o quella donna, voglio una casa più grande, una macchina nuova, uno stipendio più alto. Voglio una famiglia felice e sana, voglio tot figli, voglio andare in quella città, in quel continente. L'ego ha a disposizione migliaia di desideri e ce li presenta secondo la situazione che stiamo vivendo, riuscendo così a tenerci sempre in uno stato di attenzione verso i desideri.

La più grande paura dell'ego è che tutto questo si fermi. La più grande paura dell'ego è che possa morire e non esistere più. Questo è uno dei pilastri o dighe, che ci impediscono di realizzare lo stato di serenità interiore. Gli insegnamenti in proposito sono numerosi, da San Paolo a

31

San Francesco, dal Buddhismo, all'induismo, al Sufi, le più grandi filosofie e religioni del mondo hanno in sé questi insegnamenti, e benché siano insegnati da migliaia di anni, il nostro ego, riesce a nasconderli efficacemente.

Quando parlo di meditazione, in primis, parlo di silenzio mentale, e se avete provato qualche volta a meditare, sapete bene quanto sia difficile realizzare questo stato di silenzio. Questo silenzio, è visto dall'ego come la sua morte, e quindi tenta continuamente di rimanere in attività, proponendo pensieri di ogni genere, anche i più assurdi, pur di distogliervi da questo silenzio. Meditare diventa davvero difficile, per questo è necessaria la costanza.

La costanza scava con perseveranza nell'ego, e lo zittisce. Per comprendere quanto sia importante lo stato di silenzio mentale, è necessario che riusciate a realizzarlo almeno per una quindicina di secondi, ma deve avvenire senza costrizione. Cioè non dovete creare uno sforzo per bloccare i pensieri, perché in quel caso sta agendo l'ego, vi auto costringete a fare qualcosa. Deve accadere spontaneamente, come l'onda spinta dal vento sulla spiaggia.

In quel momento l'ego tace, e la vostra vera natura si apre a un infinito spazio interiore, che benché sia definito 'vuoto', è colmo di essenza vitale. Lo sentite, lo percepite, e v'immergete in questo stato che ha il sapore dell'infinito. Solo in questo stato si assapora l'essenza dell'esistenza e si percepisce l'unione con il tutto.

Seguire il vento

Posted on 23 maggio 2013 by pietrochag

Un fulmine è sempre potente.

E l'albero è spezzato, squarciato, immobile nel suo intimo dolore.

Le nuvole vagano veloci, inseguendo loro stesse in una direzione unica, spinte da venti forti.

E' il viaggio nel tempo, il viaggio nell'esistenza.

Spinti da venti e colpiti da fulmini, in cerca di un'oasi che a volte si raggiunge.

Perché non possiamo rimanerci?

Altri venti, altri fulmini trasformano le oasi, dentro e fuori di noi, in nuove spinte verso ignote sofferenze.

E seguiamo il vento convinti di essere noi a gestirlo.

Stupido uomo della razza umana, non vedi che il vento non lascia tracce?

Esperimenti di meditazione

Posted on 15 maggio 2013 by pietrochag

Vi sono diversi studi scientifici riguardo alla forza della meditazione, che per alcuni possono essere un aiuto a dedicarci un po' del proprio tempo. Molti studi che affrontano argomenti particolari, sono, naturalmente, fatti negli USA. In uno di questi studi, fatto alcuni anni, fa durante la guerra in Libano, sono stati portati direttamente dagli States trenta persone che sono state addestrate alla meditazione. L'addestramento è avvenuto con esperti maestri che hanno anche indirizzato i meditanti a concentrare la loro energia verso la pace e la serenità. Queste trenta persone sono state portate nei territori di guerra, dove il giorno prima c'erano stati bombardamenti, e sorvegliati a distanza da militari, si sono seduti in meditazione contemporaneamente. Sul territorio, vi erano diversi osservatori, tra i quali medici e militari, che avevano il compito di rilevare ogni evento possibile. Oltre a questo, i comandi delle forze armate, erano state invitate a comunicare tutte le informazioni richieste. Un lavoro di precisione, anche perché parte dell'esperimento, era finanziato dalle forze armate americane. Le trenta persone hanno meditato per circa sei ore, con brevi interruzioni di uno o dell'altro, ma sempre con la maggior parte di loro in stato meditativo. I risultati sono stati, per loro, abbastanza sorprendenti, ma i maestri lo affermano da sempre.

Per circa dieci ore, quel giorno, si sono ridotte del 70% i bombardamenti. Non ci sono stati incidenti se non di lieve entità, e non vi è stato alcun morto.

Un esperimento, non basta ad averne una conferma. Lo stesso esperimento è stato fatto in una zona dell'Africa, dove la guerra impera da anni, e i risultati sono stati simili. Niente attacchi, niente morti per quasi il doppio del tempo che i meditanti erano in azione.

E poi, è stato deciso di farlo anche a New York, con quasi duecento meditanti. Anche qui, i risultati non sono mancati. Durante il giorno di meditazione, le rapine sono diminuite del 60%, e gli omicidi sono scesi del 80%. Sono diminuiti gli incidenti di diversa natura e a molti intervistati è apparsa come 'una buona giornata'.

Secondo questi studi, attraverso una formula matematica, si è stabilito che se solo otto milioni di persone fossero impegnati a ogni ora del giorno nella meditazione, in diverse parti del mondo, si conoscerebbe una nuova era di pace e serenità. Allo stesso tempo, personalmente, penso che si cercherà di evitare sempre che ciò avvenga, perché gli interessi dei ladri di energie faranno sempre di tutto affinché non accada.

Calma e preghiera

Posted on 13 maggio 2013 by pietrochag

Tra i tantissimi metodi che esistono per trovare un po' di calma mentale, quello più diffuso è sicuramente il respiro. Concentrandosi sul respiro si ottiene velocemente uno stato di calma mentale. Basta sedersi comodamente, con la schiena dritta, braccia e gambe rilassate, bocca chiusa, e inspirare lentamente. Anche se siete agitati, provate a farlo.

Inspirate lentamente, trattenete due tre secondi, ed espirate lentamente. Fatelo per dieci respiri, e poi rilassatevi. La mente è calma. Per qualche istante i pensieri rallentano fin quasi al silenzio per poi riprendere. Mantenere lo stato di silenzio è molto difficile. Così, molti che esercitano questo metodo, dopo pochi minuti, ritornano al caos, anche se con più tranquillità mentale. L'esercizio è utilissimo, ma rimane che nessuno ci dice cosa dobbiamo farne di questo silenzio.

Per chi lo esegue con lo scopo di rilassarsi, il tutto dura sicuramente troppo poco affinché se ne abbia un beneficio, mentre per chi pratica sistemi di meditazione legati a un Sentiero, sa sempre cosa fare dopo, perché la respirazione non è per cercare la calma, ma per innescare un processo che va oltre. Allora, chi esegue l'esercizio soltanto a scopo di calma mentale, una volta raggiunto questo stato di calma, deve rimanerci dentro, affinché abbia dei buoni risultati, e per rimanerci dentro è necessario fare alcune cose. Una molto semplice, è quella di immaginare vivamente un fiore, che può essere una rosa, un fiore di loto, o comunque un fiore che vi piace molto. Lasciate lontani i pensieri e concentratevi sull'immaginare questo fiore come se lo vedeste con gli occhi. Cercate di vederne i colori, la rugiada, di sentire il venticello che lo avvolge, di percepire il suo profumo. Rendetelo vivido fin quando vi sembrerà di poterlo quasi cogliere. Fate che questo esercizio duri dieci, quindici minuti, e poi rilassatevi in questo silenzio, finché dura. Ne uscirete sereni e completamente trasformati di quando avete iniziato l'esercizio.

Un altro modo di sfruttare al meglio questo silenzio, che si ottiene con la respirazione, è quello di rilassarsi in questo silenzio, e concentrarsi su ciò che voi pensate che sia quello che è chiamato Dio, o Spirito, o Essenza. Cercate di concentrarvi su questa visione che avete del 'tutto', e quando vi sentirete a vostro agio, potete formare dei pensieri come forma di preghiera. Se ne avete qualcuna che vi piace, recitatela mentalmente, ma con sincera intensità. Portate il senso di queste parole a un livello emotivo importante, e lasciatevi andare a questa preghiera. Ricordate però, che deve esserci sincerità, e che la preghiera non deve essere una richiesta puramente banale o del tutto materiale, dovrete integrare in essa la parte più spirituale di voi stessi.

Potete anche chiedere che qualcosa vada bene, ma non chiedete mai che qualcosa vada male per voi o per altri. Questo provoca karma negativo a livelli forti. In questo stato, voi non state parlando con un'entità che definite Dio o altro, ma state comunicando con la vostra parte più interiore. E' il momento in cui siete più vicini a voi stessi. Ermete Trismegisto scriveva: Dio è una sfera il cui centro è ovunque, e la cui circonferenza non è in nessun luogo, quindi questo centro è ovunque, libero da ogni limite esterno.

Il centro siamo noi stessi e noi stessi siamo ovunque. La preghiera non è indirizzata a qualcuno, a un dio o altro, è dentro di noi e non deve andare da nessuna parte. Semplicemente, ci avviciniamo al centro di noi stessi, e in noi stessi si muovono le energie positive che ci aiutano. Cercare queste energie all'esterno di noi significa allontanarsi dal nostro stesso essere.

Mi ama?

Posted on 10 maggio 2013 by pietrochag

Oggi prendo spunto da una bella discussione nata sul blog di una mia amica virtuale, dove si parla del rapporto tra uomo e donna. L'amore. Questo folle sentimento che... ha prodotto miliardi di pagine di scritti nella storia dell'Uomo, che spesso, ha portato addirittura a guerre. Il legame che produce l'amore, è spesso così forte che quasi il resto del mondo non esiste. L'amore coinvolge ogni parte di noi stessi, e lo fa in maniera potente quando è condiviso, quando si è davvero in due. Spesso accade che uno dei due abbia dei dubbi, e che uno dimostra chiaramente i suoi sentimenti all'altro. Questo crea conflitto. Se l'amore è chiaro solo da una parte, mentre dall'altra è poco profondo, è evidente che non ci potrà essere una sintonia completa, e che questa espressione, questa esplosione di sentimenti non vedrà una chiara luce. Accade perché i desideri non sono evidenti, ma pur di non rimanere soli, si tenta di portare avanti un rapporto che col tempo presenterà il suo conto. Da qui i numerosi divorzi nei nostri tempi. Quello che mi fa soffrire in tutto questo non è il rapporto tra i due, ma il problema forte e tragico di quando si hanno dei figli. In questi casi, i figli diventano armi potenti da utilizzare contro. Anche quando si afferma che i figli sono tenuti fuori, è una pura illusione, i figli ci sono e a modo loro stanno costruendo una base interiore che esprimeranno nella vita. Quella che è una sofferenza, però, non sembra essere l'amore in sé, ma la paura di rimanere senza un partner, la paura di

39

vivere una vita da soli. E allora ci sono quelli che non riescono a sopportare questa idea, e per sopperire alla paura, hanno due, tre, quattro partner, vivendo in perenne conflitto e in uno stato di bugia permanente. Ora, riferendomi alle mie esperienze e conoscenze di 'certi mondi', come ad esempio la semplice legge del karma, queste persone stanno costruendosi con le loro mani, un futuro di sofferenza. Nella legge del karma si asserisce che l'analogia è con il seme. Ogni atto che compiamo, è un seme piantato nell'essenza del nostro futuro, nel karma. Quando il seme troverà condizioni ideali, svilupperà la pianta, così come in natura, e a quel punto s'inizia a raccoglierne i frutti. Se hai piantato un seme positivo, avrai risultati positivi, e la sua gioiosa espressività sarà evidente, se ha piantato un seme negativo, avrai un frutto negativo, e le sue conseguenze saranno di sofferenza. Penso che vi sia accaduto di stare male senza capirne assolutamente il motivo. In quel caso, un frutto è maturato da azioni precedenti, e viene a galla. In questa dimensione, dobbiamo, per Legge Naturale, sperimentare su noi stessi quanto provochiamo. Se provochiamo positività, ne avremo indietro positività, se provochiamo negatività è evidente che sarà questa a farsi avanti. So che certi concetti sono difficili da accettare, ma accade così. Naturalmente, la legge del karma non è così semplice da comprendere, e non è detto che una sofferenza sia il prodotto di un karma negativo. Può accadere di vivere sofferenze anche per il semplice fatto che 'abbiamo scelto' di soffrire perché questo può essere di beneficio agli altri. Si entra in un campo molto complesso e di difficile interpretazione. In generale, il karma dice che si raccoglie ciò che si semina.

Stati particolari

Posted on 9 maggio 2013 by pietrochag

In sostanza, per la vita che facciamo, è chiaro che in noi qualcosa ci impedisce di essere nella nostra totalità. Qualcosa porta la mente a formare pensieri, e quindi azioni, che non ci soddisfano, o che ci portano a vivere situazioni di sofferenza di vario genere. La nostra intelligenza ci dice che queste cose non le vogliamo, che vorremmo vivere bene, sereni, pieni di capacità e sicuri di noi stessi, ma non accade. C'è una specie di errore fondamentale nella nostra esistenza che spesso etichettiamo con termini come peccatori, malvagi, confusi, stressati e così via. Cerchiamo di etichettare perché se non riuscissimo a farlo, sarebbe una tragedia. Sorgerebbero domande ancora più spaventose, del tipo forse soffro di un male incurabile. Eppure, il fatto stesso che ci spingiamo alla ricerca di felicità o di benessere, ci indica continuamente che c'è qualcosa di meglio per noi ma non lo vediamo. A volte capita che per qualche minuto o per qualche ora, viviamo in una situazione di perfetto equilibrio. Penso che sia capitato a tutti. E' una dimensione dove tutto scorre con una semplicità luminosa, chiara e piacevole. E' una specie di stato di grazia. Ci sentiamo perfettamente a nostro agio, sappiamo cosa dire e cosa fare. Ogni situazione si evolve con semplicità e accadono cose che fanno stare bene noi e gli altri che ci stanno attorno. Questa dimensione è la migliore che possiamo sperimentare con naturalezza. Alcuni la realizzano attraverso usi di stupefacenti o stimolanti di

41

vario genere, ma quando accade con naturalezza, il nostro stesso corpo, oltre che la mente, ne trae un grande beneficio. E' come sentirsi puri senza bisogno di cercare purezza. E' uno stato che si realizza quando lasciamo andare. Lasciare andare significa che ci ritiriamo in noi stessi e diventiamo soltanto ciò che in precedenza ho chiamato l'osservatore. Quest'osservatore non ha bisogno di limiti, sa già quali sono. Accetta la propria condizione e la libera completamente. Si entra in un flusso di energie in movimento che provengono dalla nostra stessa Natura. Questa Natura è parte del tutto, (che sia Dio, Buddha, Energia Primordiale, poco importa.) e questo tutto scorre in noi con una forza che non è arrestabile. Alimentarla per poterne godere per l'intera vita, è molto difficile, ma ci sono alcuni, tra i più grandi saggi della Terra, che sanno gestirla. Tutti questi Saggi dicono sempre la stessa cosa che non riusciamo a comprendere appieno: questa forza, questa energia, è dentro di te, ma spesso la cerchiamo al di fuori. Quando ci riferiamo all'esterno, possiamo essere certi che non la troveremo. E' difficile trovarla in se stessi, perché si rivela solo nella profonda calma della nostra mente, e della nostra anima. La meditazione aiuta in questo, ma oggi è difficile capire quale sia questo tipo di meditazione, perché ci sono forse migliaia di tecniche ri-elaborate che non possono più dare il frutto per cui sono nate. Troppe modifiche ne hanno distorta la funzione, diventando un palliativo anti stress per auto convincersi che dopo starò meglio. In effetti, si ottiene un po' di calma, ma non si va da nessuna parte. Per calmarsi, spesso, basterebbe una buona notte di sonno senza scomodare la meditazione.

Infinitesima essenza

Posted on 8 maggio 2013 by pietrochag

Tra le ultime scoperte scientifiche, una, in particolare, mi affascina, perché mette in relazione la mia esperienza di meditante con la parte materiale in maniera spiegabile scientificamente. Per anni ho letto e praticato così come insegnato nel sentiero che ho scelto. O che mi ha scelto. La scoperta è la fisica quantistica, della quale, scientificamente, non so quasi nulla, ma da quanto ho letto su testi per non addetti ai lavori, ho integrato questa scienza perfettamente nella mia mente, senza dover nemmeno faticare a comprenderla. E' una di quelle cose che appena le sai, sai di averle sempre sapute, ma adesso le puoi anche spiegare sia a te stesso sia ad altri. Il punto essenziale di questa scoperta è che esiste una particella che si vede soltanto se l'osservatore sta cercando di vederla. Se nessuno la pensa, non esiste. E' qualcosa che supera la comprensione di molti, ma non di chi ha pratica interiore con questi concetti. Sakyamuni diceva che esisteva un'infinitesima materia/energia, che nasceva e moriva per venticinquemila volte ogni battito di ciglia. Spesso mi sono chiesto quale immensa profondità abbia realizzato per fare una simile affermazione. Oggi, la Scienza ci conferma che qualcosa esiste sole se è pensata. Da questa infinitesimale energia/materia, nasce il tutto. Stephen Wolinsky la descrive in questo modo: "L'osservatore è il creatore dell'aspetto particella/massa. Questo significa che come soggettivamente sperimentiamo eventi, interazioni, così come il nostro sé

43

interiore, è osservatore-creato ... creato da noi stessi."
Ora, se è vero che tutto nasce da questa infinitesima essenza, noi stessi stiamo osservando ciò che creiamo, e noi stessi siamo creati da questa stessa infinitesima essenza. A rigor di logica, ciò non può essere. Io non posso essere il creatore di me stesso. Eppure, questa scoperta, sta portando a queste riflessioni. Sicuramente una rivoluzione di portata eccezionale, sia a livello scientifico, che a livello concettuale. Se l'essenza e la sua manifestazione sono la stessa cosa, noi siamo creati e creati dalla stessa fonte. Nel buddhismo, specie nella scuola Dzogchen, è parte degli insegnamenti e delle pratiche da sperimentare su se stessi. E' il punto in cui la coscienza si libera e manifesta la sua unità con il tutto. Realizzando questo stato, si è la particella e l'intero contemporaneamente. Si manifesta l'intera esistenza nella sua totalità e si espande nel tutto infinito, percependo sia l'unicità sia la totalità nello stesso istante. Realizzare questo stato significa aver realizzato il sentiero. Chi riesce in questo, è definito Illuminato. La Scienza ci da una mano ad accettarne, o valutarne, almeno la parte teorica, per la completa realizzazione ho ancora da fare.

Il silenzio profondo

Posted on 7 maggio 2013 by pietrochag

Viviamo in un mondo di comunicazione. Siamo bombardati dalla comunicazione. Se ci fate caso, è quasi impossibile riuscire a trascorrere un intero giorno senza sapere nulla di nuovo. La nostra mente è continuamente sollecitata a scoprire qualcosa di nuovo che ancora non sapevamo, e, possibilmente, riferirla tra i primi. Chi arriva per primo non vince un premio, ma soddisfa il proprio ego, e ne gode, in qualche maniera. Non si fa per scopi particolari, è il nostro tempo, tutto ci indica che dobbiamo essere informati, altrimenti restiamo indietro. Eppure non siamo ugualmente soddisfatti, abbiamo sempre qualche accidente che ci scorre tra i pensieri. Spesso, le informazioni non ci sono gradite, specialmente osservando il clima politico attuale. La comunicazione attuale deve contenere agitazione. Deve agitare la mente, tenerla in allarme. Alcuni non ce la fanno, e rinunciano alla stessa vita. So di non poter fare molto per aiutare gli altri, perché io stesso, a volte, cado in questa trappola. Eppure c'è qualcosa che può aiutarci, ed è il vivere serenamente con chi ci sta attorno, ma è difficile. Leggevo da qualche parte che ogni giorno, nella nostra mente, si presentano all'incirca sessantamila pensieri. Arrivano, si presentano, e svaniscono. Siamo sempre in azione. C'è però un momento in cui i pensieri rallentano, quasi si fermano. E' un momento che pochi riescono a vivere. Ogni giorno abbiamo diverse possibilità di entrare in questi momenti, ma siamo troppo presi dai pensieri e dagli obiettivi per rendercene conto. Sono i momenti in cui ascoltiamo gli altri. Se ci badate, quando qualcuno parla con voi, e volete dargli attenzione, vi accorgerete che i vostri pensieri si diradano, fin quasi a svanire. Siete totalmente coinvolti in quanto state ascoltando. Non ha importanza quanto ciò che sentite sia lungimirante o nuovo, ha importanza il fatto che quella persona ha richiesto la vostra attenzione. Ascoltare diventa una magia. Le parole che ascoltate vi penetrano dentro e occupano tutto lo spazio della vostra mente. I vostri pensieri si ferma, e voi state assaporando qualcosa di speciale senza pensarci. L'ascolto diventa un nostro sentimento. E' nell'ascolto degli altri che troviamo pace. Appare incredibile, ma è così. Quando dedichiamo la nostra totale attenzione agli altri, stiamo rinascendo, stiamo recuperando energie. Questo modo, era utilizzato fino oltre la metà del secolo scorso, quando ascoltavamo, incantati, i racconti dei nostri nonni. Ci facevano crescere mantenendo la nostra mente in silenziosa tensione. Pronti a spaventarci o a sorridere. Facendoci così, assaporare il silenzio della mente, senza che loro stessi ne fossero coscienti. Ascoltare in silenziosa mente, ci porta sempre più in profondità, sempre più vicino a noi stessi. E non è necessario trovare un nonno per farlo, basta un amico, e tutti gli amici hanno bisogno di essere ascoltati.

Cambiare è possibile

Posted on 6 maggio 2013 by pietrochag

Appare veramente difficile accettare concetti di cambiamento. Spesso, il cambiamento, ci appare come una forzatura. Il nostro modo di vivere ci fa apparire le cose sotto una luce di sicurezza. Sappiamo comunemente ciò che dobbiamo fare il giorno dopo. Lo sappiamo così bene che non ci poniamo alcuna domanda. Ogni cosa accade come se tutto sia già stato preordinato, e se qualcosa non va come sempre, ci sentiamo a disagio. Ogni volta che viviamo qualche situazione insolita, diversa, la nostra mente si allerta e si mette in posizione di difesa che, spesso, diventa di attacco a quanto si presenta come cambiamento possibile. Anche se continuiamo a ripeterci di voler cambiare, perché così non andiamo da nessuna parte, il timore, o anche la paura, di questo cambiamento, ci crea disagio. Attraverso questo meccanismo mentale, utilizziamo il metro del giudizio, così, se qualcosa è diverso alla nostra impostazione, lo condanniamo subito, senza mai andare a cercare informazioni sul perché c'è qualcosa di diverso negli altri. Detto in termini popolari, 'nasciamo imparati'. Accettiamo soltanto ciò che entra nei nostri meccanismi, che sono formati da concetti già digeriti. Se la novità non fa parte dei nostri meccanismi, non la accettiamo. Il diverso, quello che non è come noi, è un disturbo. La diversità rimane tale finché non si conosce. Quando decidiamo di approfondire un argomento che riguarda una diversità, scopriamo mondi incredibilmente profondi e vasti. Ma dobbiamo muoverci in quella direzione, dobbiamo accettare di indagare, di leggere, di capire. Le differenze sessuali, di razza, di religione, di Nazione, sono accentuate soltanto dalla mancanza d'informazioni. Una volta che ci informiamo, che conosciamo, il diverso non è più tale. Si possono avere gradi diversi, sia spirituali sia economiche o sociali, diversità anche nel concepire l'esistenza, ma la conoscenza porta a vedere gli altri come esseri sullo stesso percorso: tutti cerchiamo la felicità. Allora, se c'è una differenza, dobbiamo cercarla nei nostri limiti alla conoscenza, non nel colore della pelle. Il cambiamento si ottiene soltanto nella conoscenza. In primo luogo, accettando i propri limiti. Non sappiamo tutto del mondo, né degli altri. Non sappiamo tutto nemmeno di noi stessi, altrimenti non avremmo bisogno di conoscenza. Per accettare il cambiamento è necessario partire da se stessi, dal conoscersi, dall'indagarsi, dal far emergere chiarezza nella nostra stessa mente. Se non ho alcuna chiarezza sul chi sono, non potrò mai avere chiaro chi sei. Diventiamo specchi, in cui gli altri si specchiano, e nello specchiarsi, se siamo limpidi, li possiamo vedere. Se vedi una persona attraverso questa chiarezza, puoi aiutarla e puoi essere aiutato, ma se entrambi si è oscurati da pregiudizi e confusione, vedremo pregiudizi e confusione.

Cambiare abitudini

Posted on 5 maggio 2013 by pietrochag

Una delle molte possibilità che abbiamo per migliorare il nostro stato, è quello di cominciare a eliminare gli ostacoli che ci impediscono di far fluire sia la conoscenza, che l'energia. Non siamo abituati a pensare al mondo e alla nostra stessa vita in termini di energia, perché questo pensiero ci toglie un po' della nostra acquisita solidità. Siamo abituati a sentirci sia qualcuno, che qualcosa. Ci definiamo in primo luogo, forti, o deboli, con un riferimento in primis al nostro fisico. Ci definiamo poi estroversi o introversi, con riferimento al nostro modo di percepirci. In entrambi i casi, riveliamo un'idea che ci siamo fatti di noi stessi. Sono dichiarazioni che abbiamo accettato, è il modo in cui siamo abituati a guardare a noi stessi. Può essere corretto o no, ma è indubbio che non sempre siamo in questi modi predefiniti. Sappiamo di avere momenti di debolezza fisica, e momenti in cui non siamo introversi. Questo chiarisce una cosa importante, cioè che non siamo sempre così. Si cambia, ci sono cambiamenti. A dettare questi cambiamenti siamo noi stessi, accettando flussi di energie diverse secondo il bisogno immediato. Ci adeguiamo alle situazioni, quindi il cambiamento avviene costantemente in noi, non è qualcosa di strano. E allora perché ci vediamo sempre allo stesso modo? Perché il flusso di energia che scorre in noi segue canali già tracciati. Un'abitudine che si ripete, forma nel nostro inconscio, una specie di percorso segnato, e ogni volta che arriva uno stimolo a quell'azione, si ottiene sempre quel risultato. L'istinto, l'imput, lo scatto dell'energia che promuove l'istante, ripercorre sempre lo stesso sentiero. E' un'abitudine. Difficilmente si fanno cose diverse quando si è incanalati in questi processi. Il modo di alzarsi, di fare colazione, di andare a letto, di atteggiarsi in un certo modo in ufficio o sul lavoro, sono tutti processi incanalati, abituali. L'abitudine ci porta all'esaurimento, non perché ci manchi l'energia, ma perché in questo modo la soffochiamo, non gli permettiamo di espandersi e di creare. Non possiamo essere ogni giorno diversi, cosa direbbero gli altri? Se vogliamo cambiare, se vogliamo eliminare qualche nostra abitudine che, infondo, ci disturba, si può fare. In primo luogo è necessario utilizzare il nostro osservatore. Entrando in questa dimensione, diamo chiari e precisi ordini alla nostra mente. E' necessario dare proprio ordini, possibilmente a voce alta. 'Da adesso in poi, farai ogni cosa per evitare di fare questo! Ogni volta che lo farai, dovrai rendertene conto, e trasformarlo in quest'altra cosa!' – Ecco che quando proviamo a fare questo tipo di azione, ci sentiamo stupidi, o banali. Non siamo abituati a darci ordini. Eppure, se viene il capo e ci dice 'smettila di fare questo!!' eseguiamo l'ordine immediatamente. Il capo di noi stessi siamo noi, se ci diamo degli ordini in maniera efficace, li eseguiremo. Per funzionare bene, questa tecnica, richiede che quando si vuole eliminare un'abitudine, si dia alla mente qualcosa con cui sostituirla. Se volete sostituire 'la mano nei capelli', ad esempio, quando vi date l'ordine di non farlo, dovrete pensare a quanto belli ed ordinati rimangano i vostri capelli. Sostituite ciò che volete togliere con qualcosa che migliori la qualità della vostra vita. Fatelo con ordini precisi e secchi. Più l'abitudine è radicata, più tempo ci vorrà per sostituirla con la luminosità, ma si può fare.

Mente di Luce

Posted on 4 maggio 2013 by pietrochag

Un modo particolare di aiutarsi nei momenti difficili, lo abbiamo a portata di mano, ma nessuno ci ha insegnato come utilizzarlo. Spesso, quando siamo in crisi per qualche motivo, la nostra mente agisce istintivamente portando alla luce tutto ciò che si abbina alla crisi. Se siamo in crisi, i nostri pensieri sorgeranno con toni di crisi e i pensieri saranno legati alla crisi, al problema che stiamo vivendo. E' un atteggiamento del tutto automatico. Se siamo tristi, i pensieri che verranno, saranno di tristezza, se siamo felici, i pensieri che verranno, saranno di felicità. E' una constatazione banale, eppure non entra a far parte della nostra normalità. Generalmente ci si lascia andare a quella dimensione, vivendola e soffrendo di quanto ci dà, e sappiamo bene che nessuno di noi ama il dolore. Vogliamo vivere serenamente e felicemente. Ci allontaniamo dai pericoli velocemente, ma rimaniamo incastrati nei pensieri di sofferenza, prolungandola oltre il necessario. Certo, anche la sofferenza ha la sua importanza nella vita, ma caderci dentro in maniera inconsapevole, non sempre è un bene. Ci porta a vivere in una specie di alone che gli altri percepiscono benissimo, e li coinvolgiamo nella nostra sofferenza. Il punto è che pensiamo di non poterci fare niente, ma non è così, possiamo fare qualcosa. Per farlo, però, è necessario intervenire, prendere l'iniziativa, lavorare su se stessi.

Lavorare su se stessi è una frase che non dice niente in sé, anche perché i termini che utilizziamo per definire questo concetto, contengono parole che ci pesano solo a pensarle. Lavorare e, se stessi, sono due parole pesanti. Introducono in noi già un senso di stanchezza solo a pronunciarle. E allora operiamo su noi stessi. Operare su se stessi è già diverso, intende che facciamo qualcosa di dinamico, d'importante, di utile. Per uscire dalle crisi e dalle sofferenze, è quindi necessario operare dei cambiamenti a livello mentale. La mente non agisce in maniera coerente con i nostri bisogni, agisce in maniera meccanica, così com'è abituata a fare. Un semplice esercizio che può aiutare, consiste nell'operare un cambiamento nei pensieri. E' necessario un piccolo sforzo iniziale, ma è utilissimo. La mente ha bisogno d'informazioni e di comandi. Possiamo ordinare alla nostra mente, anche se non lo facciamo mai perché non ci siamo abituati. Ordinare alla mente, con un pensiero fermo, chiaro e forte, la costringe a eseguirlo. Strano vero? Eppure è proprio così che funzioniamo. Basta con questi pensieri di crisi! Voglio che tu, mente, non ci pensi più! Apri le finestre di questa buia stanza! Entri la luce! Voglio fiori e primavera! Voglio serenità! Vola via buio! Svanisci! Da questo momento in poi voglio Luce e vitalità! Pensieri di questo tipo, con tono sicuro e forte, cambieranno il corso dei vostri pensieri in positivo. A volte si pensa che per realizzare serenità o calma, siano necessari anni di meditazione e di studi. Non è vero, basta poco, basta abituare la mente, con calma, a fare quello che noi vogliamo che faccia. Dobbiamo osservarla dal punto di vista dell'osservatore, come dicevo nel post precedente. E' anche vero che esercizi di questo tipo appaiono veramente semplici, ma non siamo noi stessi a scrivere spesso che le cose semplici sono le migliori della vita?

L'osservatore

Posted on 3 maggio 2013 by pietrochag

Nella meditazione, c'è un punto focale, molto importante, che spesso sfugge all'attenzione, ma è un punto fondamentale, e sarebbe da chiarire fin da quando s'inizia a meditare, o semplicemente ad apprendere modi per rilassarsi in maniera veloce.

Questo punto è la visione del funzionamento della mente. Non si può operare su qualcosa che non si conosce, è necessario prima, sapere di cosa si tratta. Generalmente, il nostro io, si definisce corpo, e sappiamo bene che io non sono il corpo. Si definisce mente, e sappiamo che non è solo mente, oppure si definisce pensiero o ciò che pensiamo, ed anche qui siamo fuori strada. Ciò che siamo ' l'insieme di queste cose. Vederci come un insieme, è piuttosto difficile, perché la mente tende a suddividere, a dare vita a molte parti, in modo che possa gestirle con facilità.

Il nostro ego non riesce a gestire grandi numeri, intesi come sé ma c'è un punto dove si ferma, dove non può intervenire, non perché troppo grande, ma perché troppo profondo. Questo punto è l'osservatore. L'osservatore, per capire di cosa si tratta, bisogno sperimentarlo.

E' facile, si fa in pochi minuti. Se vi prendete dieci minuti del vostro tempo, e vi rilassate in un luogo dove non sarete disturbati, vedrete l'osservatore. L'osservatore risiede dietro i vostri pensieri. Generalmente sta un po' più in alto, verso il centro della testa. Se provate a lasciare andare i pensieri, osservandoli senza intervenire, noterete che lì in alto, c'è una parte di voi che sta osservando. Più vi concentrerete, più noterete la sua presenza.

Secondo i pensieri che avete, avrete l'impressione che quasi li gestisca, indirizzandoli in un verso o in un altro. E' una presenza che sembra non essere attaccata ai nostri desideri, ma agisce sotto il dominio di una legge universale, non condizionata. L'osservatore osserva i procedimenti mentali, non li giudica, da suggerimenti quasi impercettibili, ma aiuta moltissimo alla comprensione di quanto pensiamo. Provate a guardare in voi il vostro osservatore, provate a considerarlo come presenza importante, e dategli attenzione.

Vi accorgerete in breve tempo, che può darvi un aiuto incredibile nel risolvere i problemi della vita. Chiarezza mentale, niente stress, capacità comunicativa e serenità sono i frutti immediati di chi si siede accanto a questo osservatore. E' la parte di noi che trascuriamo di più, perché il nostro ego non ha piacere a vedersi superato, ma state tranquilli, non soffrirà. Si renderà conto che anche lui può riposare un po'.

Tecnica per sentirsi leggeri

Posted on 2 maggio 2013 by pietrochag

Oggi voglio descrivervi una tecnica di auto aiuto. E' una tecnica che nel tempo ha preso diverse forme, ma che ha sempre una sua funzione importante per liberarsi dall'eccesso di ego presente nella nostra vita.

Siamo sempre indaffarati a soddisfare i nostri desideri, più che i nostri bisogni, perché i bisogni veri e propri sono veramente pochi. Abbiamo integrato i desideri nei bisogni, così che ogni cosa ci appare come indispensabile per poter vivere. Ad esempio, io non ho il televisore, eppure vivo lo stesso bene e l'informazione la prendo da internet o dalle riviste. Questo mi lascia la serata libera, non più condizionata dall'ultimo film o dall'ultima inchiesta che mi teneva incollato alla tv per ore e ore. Adesso passo il tempo a leggere o a scrivere, oppure partecipo a qualche conferenza online, a volte anche di cose che non ho idea di cosa si tratti, ma scopro nuovi mondi, nuovi orizzonti. Non sono contro la TV, sono contro lo spreco del tempo.

Siamo così carichi di apparenze, di pensieri, di qualcosa che ci appare come obbligo, che non riusciamo più a dare respiro alla mente. La mente ha bisogno di riposo, di rilassamento, di calma per potersi rigenerare, ma il tenore di vita attuale, le preoccupazioni, le distrazioni, la mantiene sempre in attività, finché tutti questi pensieri diventano la norma, costringendoci a dimenticare la nostra vera natura, la nostra pace.

Questo breve esercizio lo potete eseguire ogni volta che ne abbiate il tempo, è molto semplice.

E' consigliato trovare un posto dove potersi rilassare per alcuni minuti. A volte, dieci quindici minuti sono sufficienti a cambiare completamente il vostro umore per tutto il giorno.

Sedetevi come meglio vi aggrada, comodi, e rilassati. Respirate almeno per tre volte profondamente e lentamente. Poi lasciate andare la mente e osservate i pensieri. La mente non cessa mai di pensare. Rendetevi conto di questo. Appena fatto, immaginate dinanzi a voi un grande fuoco, un fuoco intenso e potente, sentitene il calore sulla pelle.

Prendete dalla vostra mente, ogni pensiero che non volete e immaginate di buttarlo in questo fuoco. Avete rabbia per qualcosa? Prendete la rabbia e tutto ciò che lo accompagna e buttatelo nel fuoco. Buttateci dentro quelli che considerate pensieri stupidi, ma anche gli oggetti che danno problemi. Liberate la mente, piano piano, di ogni cosa. Buttateci dentro gioielli, vestiti, automobili, anche il vostro lavoro. Buttateci dentro i problemi che non riuscite a risolvere, le bollette, i problemi economici, i problemi sentimentali. Buttateci dentro gli ostacoli, le sofferenze che avete avuto, l'odio e gli umori tristi. Immaginate che il fuoco si alimenti continuamente con quanto gli buttate dentro. Non tenetevi niente, nemmeno ciò che pensate sia importante. Liberate la mente. Appena sorge un pensiero, buttatelo nel fuoco. In questo momento non avete bisogno di nulla. Ciò che v'importa è che la mente si liberi e si calmi completamente.

Quando non avete altro da buttare nel fuoco, rilassatevi in questa pace, in questa leggerezza.

Vi sentirete bene, starete bene, proverete un senso di chiarezza e di serenità incredibile. In questo momento, la vostra mente vi sta ringraziando di averla alleggerita dopo tanto peso.

Sperimentate questa tecnica, non vi costa nulla se non qualche minuto di silenzio e di rilassatezza. Ripetendola con costanza, diventerà un normale atteggiamento nella vostra vita, e così potrete liberarvi di ogni peso ogni volta che lo vorrete.

E' così semplice e funzionale che non dovreste rinunciare a provarla.

Decisioni

Posted on 1 maggio 2013 by pietrochag

Durante il corso della vita, ci troviamo spesso a dover scegliere tra qualcosa da accettare e qualcosa da non accettare. Per alcuni capita così spesso che vivano una vita piena di dilemmi. La scelta di cosa fare, di cosa decidere, ci è proposta costantemente dalla mente, ma spesso non abbiamo capacità sufficienti per prendere una netta decisione. A dirigerci, in genere, è una base costituita dal nostro modo di pensare, considerato più o meno perfetto, e quasi mai messo in discussione. Il nostro falso sé, ci indica soluzioni veloci, immediate, priva di un'attenta analisi di quanto stiamo per scegliere. La velocità è sempre richiesta dalla nostra mente, una persona che non sa decidere velocemente, rimane indietro. Eppure, questa, è una falsa concezione. Il problema è che non abbiamo un metodo per capire cosa sia meglio per sé e cosa non lo sia. Ci accorgiamo di aver preso una decisione sbagliata quando le cose cominciano ad andarci male. I grandi Saggi dei tempi, hanno sempre insistito su alcuni punti essenziali, uno di questi è la ricerca di una calma interiore che si esprime con chiarezza anche nei pensieri e nelle scelte, ma trovare un metodo che ci porti a vivere con questo tipo di attenzione, ci viene difficile, non perché è difficile il metodo, ma perché il metodo è da apprendere. Abbiamo difficoltà ad apprendere, e quando pensiamo di aver appreso qualcosa, ne siamo contenti, tanto contenti, che dopo qualche ora, lo abbiamo dimenticato e stiamo già cercando altro. L'applicazione del metodo, sta nella sua ripetitività. La mente ha bisogno di sentirsi ripetere il metodo, perché essendo diverso da quanto fatto fino adesso, tende a ripetere i vecchi metodi. La ripetitività del metodo, scalza il vecchio per fare posto al nuovo. Ogni volta che ci troviamo a dover fare una scelta, è necessario osservare quale delle due alternative ci dia un senso di pace e di serenità, e una volta compreso questo, applicarlo costantemente per un lungo periodo. In questo modo, la mente si corregge ed in futuro, agirà con grande semplicità e senza agitazione. Oggi si parla tanto di accettare la sofferenza, di accettare il dolore, ma si commette un grosso errore, accettare non significa doverci vivere dentro, significa soltanto prenderne coscienza, e agire per trasformarlo in qualcosa di utile. La pace, la serenità, si alimenta con la pace e con la serenità. La sofferenza deve essere solo uno stimolo a comprenderla per non ripeterla più, né su se stessi, né sugli altri.

Nostra Madre

Posted on 30 aprile 2013 by pietrochag

Dopo due gioiosi giorni, passati con mia figlia e con il mio nipotino, ritorno a casa e accendo il computer per riordinare mail, blog, sito e salutare gli amici con la mia presenza. Così, guardo gli eventi di questi due giorni perché non ho avuto occasione di guardare tg e internet. Premetto che qui a casa, il televisore non c'è più da alcuni mesi, e quindi le mie informazioni sono puramente websteriane. E allora, abbiamo un governo. Che, scopro, come primo atto, il Presidente del Consiglio, si reca a rendere omaggio alla Signora Merkel e, malignamente penso, a prendere ordini su cosa deve fare per entrare nelle Sue grazie. Naturalmente, non ha importanza alcuna, se a discapito della stessa Italia. Le grandi discussioni sono incentrate su imu si imu no, imu quasi, imu forse, grande profondità dibattimentale per la salvezza dell'Italia. Tra strette di mano e sorrisi, sempre che i problemi più grossi siano stati risolti, adesso si tratta di gestire la 'normale amministrazione'. Non riusciremo mai a capire quali sono le spinte interne che fanno agire i politici in maniera sempre irritante e con una totale mancanza di rispetto a quanto la gente si aspetta. E noi ci 'scanniamo' sui blog e sui network per difenderli, per innalzarli, per dimostrare quanto il nostro 'deputato' sia migliore di tutti gli altri messi assieme. Vuoi mettere l'esperienza del mio deputato, la sua cultura, la sua lungimiranza a confronto con il tuo? Sai già che non reggerebbe! Il mio è super! Ma il nostro Presidente del Consiglio, non ha indetto una mega conferenza stampa per dire alla gente, che lo abbia o non lo abbia votato, che adesso lui c'è, e che c'è per tutti. Non ha indetto una mega conferenza per dire ai disoccupati, agli imprenditori disperati, che adesso lui c'è e che lavorerà per farci uscire dalla crisi. Non ci ha detto che il suo compito sarà di far uscire dalla disperazione le famiglie che non arrivano nemmeno al dieci del mese! Non l'ha fatto, ma è andato in Germania a incontrare la Signora Merkel. Non ha potuto nemmeno dirci che avrebbe fatto di tutto per aiutare chi non ce la fa, aveva fretta di andare dalla Signora Merkel. Non è passato nemmeno da una delle tante sedi della Caritas, per dire a quella povera gente che avrebbe fatto di tutto per dargli di nuovo una dignità di italiani, di lavoratori italiani. Non c'è tempo, è più urgente incontrare la Signora Merkel. Il popolo, i disperati, la povera gente, le imprese che continuano a chiudere, devono tutti aspettare il responso della dea Tanfana, che, forse, guardando nelle limpide acque magiche, indicherà al nostro beneamato Presidente del Consiglio quali passi muovere per lasciare che tutto rimanga nella più assoluta oscurità. Auguri, Signor Presidente. La signora nella foto, è una madre, è mia madre, tua madre, nostra madre e vostra madre.

Avere

Posted on 27 aprile 2013 by pietrochag

Leggendo vari libri, spesso mi capita di trovarmi dinanzi a teorie che ho già appreso nel buddhismo, in anni passati. Lo psicoterapeuta americano, Wayne W. Dyer in un suo libro scrive:

Il falso sé continuerà a bombardarvi con l'idea che dovete avere di più per raggiungere la pace. Vi spinge a cercare l'affermazione di voi stessi all'esterno, ed è minacciato dalla consapevolezza che potreste trovare la pace dentro di voi. Questo stimolo a cercare all'esterno è quello che ho chiamato "affrontare i problemi nel modo sbagliato".

Per chi conosce un po' gli insegnamenti diretti del buddhismo, non può fare a meno di notare che queste cose, Sakyamuni, il Buddha, le ha dette più di 2500 anni fa. Ora non so se il dottor Wayne conosca il buddhismo, ma a prescindere da questo, le sue intuizioni, i suoi studi, l'ha sicuramente portato a queste conclusioni. In un primo momento possono apparire come semplici riflessioni, ma a una lettura più attenta si possono trovare delle vere e proprie verità che spesso nascondiamo, perché non sempre siamo in grado di farli diventare parte di noi. E' difficile accettare che sia così, ma se ci pensiamo bene, è proprio così. Stiamo sempre cercando qualcosa che dopo, ci farà stare bene. A volte sono cose puramente materiali, come può essere un'automobile, un cellulare, no anzi, un ipad, una casa, un vestito, un profumo, un taglio di capelli, a volte invece si tratta di qualcosa d'interiore, come ad esempio imporsi di andare in chiesa, imporsi di andare a un ritiro, perché così poi starò bene, andare in un luogo di culto, o incontrare quel tale maestro perché mi darà sicuramente una benedizione che dopo, mi farà stare bene.

C'è sempre qualcosa da avere o da fare affinché dopo, si stia bene. Il dottor Wayne ha capito perfettamente che non c'è nulla che dopo ci farà stare bene, ma che ci sarà sicuramente ancora qualcosa che ci manca e che dobbiamo conquistare affinché dopo ci possiamo sentire bene. Forse ci mancherà l'affetto di qualcuno, l'amore di un altro, forse ci mancherà semplicemente qualcuno che ci tenga compagni, ma mancherà sempre qualcosa, perché abbiamo paura di questa consapevolezza. A chiederlo, nessuno lo ammetterà mai, perché tutti vogliamo essere consapevoli, tutti pensiamo di esserlo, e lo misuriamo in base alla nostra sensibilità nei confronti degli altri, degli animali, della Terra, dell'Acqua o dell'Aria che sono inquinate e così via. La consapevolezza richiesta è confusa con l'attenzione alle cose. Con il rispetto che dobbiamo al mondo. La Consapevolezza delle nostre azioni, dei nostri pensieri, della nostra intima energia nel mondo interiore, non va indirizzata all'esterno se non prima nasce dentro. Chi ha preso consapevolezza del sé, anche se in minima parte, attraverso le pratiche di meditazione, sa bene che quella consapevolezza non ha bisogno di nulla, tranne che di essere vissuta.

Serenità buddhista

Posted on 26 aprile 2013 by pietrochag

Alcuni di noi, quelli che seguono il buddhismo da parecchio tempo, si trovano in questi periodi ad affrontare situazioni difficili a livello comunicativo. Abbiamo appreso molti insegnamenti riguardo alla calma mentale, la serenità, il modo di stare con gli altri, e la nostra mente è ormai abituata a guardare le cose in un altro modo. Non siamo diversi dagli altri, ma la nostra mente vede in maniera diversa. Credo che capiti anche a voi. Il periodo di crisi che si sta attraversando, diventa per molti una sofferenza. Credo che molti di noi si trovino nelle stesse condizioni di altri, cioè nel dover rinunciare a qualche cosa perché i soldi non bastano più. C'è una differenza di accettazione o di comprensione tra chi ha praticato il buddhismo chi non ha queste concezioni ben radicate nella mente e nel cuore. C'è una serenità e una chiarezza in più che ci aiuta. E' anche vero che rimane comunque una forte accusa nei confronti di chi ci governa, perché gli errori, ormai lo sappiamo bene, non sono stati del popolo in se, ma di politiche sbagliate e truffaldine che però, fanno pagare a noi. Accettare interiormente questa situazione, non vuol dire però, accettare in silenzio. E non vuol dire nemmeno che tutto debba essere lasciato andare. Significa che c'è più chiarezza, e gli interventi di chi ha questa coscienza, devono essere mirati e costanti. Internet ci permette questo. Ci permette di parlarne, di comunicare agli altri il nostro disagio, di far sentire la nostra voce attraverso i nostri scritti. Si pensa che non servano a niente, perché i politici non leggono le cose d'internet, ma non ha alcuna importanza. Li leggono i nostri amici, i nostri lettori, e se ne fanno carico. Quando parlano poi con altri, trasmettono questa informazione, e si diffonde. E' un modo diverso di fare informazione e di dare aiuto. Penso che negli ultimi anni, grazie proprio a internet, si sia diffusa una forte presa di coscienza su argomenti che un tempo erano per pochi. E tutto questo mi appare come una possibilità di diventare migliori. Persone che non sono giornalisti, come me, possono esprimere la loro opinione liberamente, e possono diffondere conoscenza. Si può addirittura scegliere chi leggere e chi no, perché le scelte sono davvero tantissime. Per questo v'invito a scrivere. Scrivere aiuta se stessi e gli altri. Scrivere e leggere aiuta il mondo a crescere sano.

Politica e politicanti

Posted on 25 aprile 2013 by pietrochag

Sapete bene che non sono più un giovincello, e che quindi, alcune fantomatiche misure di cambiamento politico, mi suonano sempre un po' stonate. Negli anni, l'Italia politica, ha sperimentato moltissimi sistemi di gestione della Cosa Pubblica, cercando e trovando sistemi e metodi di alto valore d'intrigo. Oggi si grida molto all'inciucio, come fosse una grande vergogna, un atto quasi criminale, ma sapete bene che non è così. Questa è la democrazia, che è basata sugli 'accordi'. Questi accordi, per qualcuno, oggi, non sono più ammissibili, ma questo non li rende fuori dalla democrazia, anzi, ne fa dei paladini del cambiamento. In questi ultimi anni, un po' a causa dei nostri ciechi governanti, un po' a causa di attacchi speculativi voluti e diretti dalle grandi forze economiche del resto del mondo, ci troviamo in una situazione di crisi di vaste proporzioni. Il compito dei nostri governanti era di proteggere la nostra economia, ma a quanto pare non l'hanno fatto, e se l'hanno fatto, l'hanno fatto veramente male. L'Italia attraversa una forte crisi di lavoro e di denaro, tanto che i suicidi sono all'ordine del giorno. Molte le famiglie che fanno fatica a pagare anche la bolletta della luce e le normali tasse cui siamo sottoposti. I dati ci dicono che stiamo acquistando sempre meno alimenti e sempre meno medicine, che stiamo rinunciando a tantissime cose che eravamo abituati a utilizzare, ma dalla politica non riceviamo risposte incoraggianti, anzi, è di queste ore la notizia che nel 2015 ci sarà un'altra manovra lacrime e sangue. E allora mi chiedo: cos'è la politica? Un'agenzia tipo Equitalia che fa le leggi contro il suo popolo? Uno staff di dipendenti delle banche internazionali? Oppure sono servi di quella grande struttura ammazza popoli che è diventata l'Unione Europea? Chi sono i politici che fanno solo leggi che servono a incassare, scippando alla gente non solo i soldi ma anche la voglia di continuare a vivere? Da dove vengono? Il cambiamento proposto da una parte politica è quasi estremo, non accettano alcun accordo, non vogliono sentire ragioni. E infine mi chiedo: hanno davvero torto? La storia insegna che ogni volta che un nuovo gruppo si affaccia alla politica con qualcosa di nuovo, è denigrato e deriso, salvo poi farne un utile alleato nei momenti del bisogno, com'è stato per la Lega. Non so se queste nuove forze, accusate per lo più di non possedere esperienza, riusciranno a fare qualcosa di buono, ma sono nuove idee. In bene o in male, hanno costretto la vecchia politica a prendere atto delle loro orrende truffe ai nostri danni, li hanno costretti a cambiare, a guardare al popolo che non ne può più. In bene o in male, hanno portato in piazza istanze che stavano per essere soffocate. Ora dicono di correre ai ripari, ma non gli do molto credito. Istintivamente mi viene da pensare che almeno ci sono loro, i nuovi, che spero dichiarino quando la politica agirà in maniera scorretta. Ci deve essere qualcuno che ci faccia sapere come stanno le cose, affinché i politici non possano più agire alle spalle della povera gente e rimanere impuniti per simile crimine.

Tra Scienza e Fantascienza

Posted on 23 aprile 2013 by pietrochag

La Scienza ci accompagna per tutta la nostra vita. E' una struttura sociale e mondiale che continuamente lavora per scoprire nuovi elementi che, spesso, ci vengono incontro nella vita sociale e tecnologia. In genere, si è piuttosto guardinghi, giacché la Scienza scopre, e questo accade perché negli anni ci siamo trovati a dover far fronte a scoperte che, utilizzate malissimo, ci hanno procurato danni, creando così una psicosi a ogni scoperta. Sappiamo che ogni scoperta contiene in se una dualità importante, ed è il suo utilizzo. Se è utilizzata bene, ci porterà bene, se è utilizzata male, ci porterà male. In tutto questo s'inserisce l'utilità economica e quella politica. A volte, una scoperta scientifica aiuta i governi a ritrovare un certo equilibrio. Nel 1850, William Gladstone, Cancelliere della Regina Vittoria, in visita al laboratorio di Michael Faraday, il pioniere dell'elettricità e del magnetismo, non poté resistere, come spesso capita ai ministri delle Finanze di ogni tempo, di porre la fatidica domanda: "Interessante scoperta, ma qual è il suo scopo?". Faraday gli rispose con esemplare onestà e preveggenza: "Al momento non saprei, sir, ma è assai probabile che in futuro ci metterete una tassa sopra!" (dal corriere della sera.)

Le scoperte scientifiche devono contenere in se il frutto economico. Così, ci capita, come leggiamo spesso, che alcune scoperte, pur sapendo che non sono adatte all'uomo, come alcune medicine, sono utilizzate ugualmente dalle potenti lobby che detengono i diritti di

70

produzione. Le ricerche hanno un costo, e quindi, se la scoperta finale non è proprio quella che ci si aspettava, poco male, la vendono ugualmente mettendo a rischio la salute dei cittadini, ma state tranquilli, poi ci prescriveranno una medicina che cura il male che ci hanno provocato loro stessi. Con questi criteri, nell'ultimo secolo, la medicina si sta allontanando dal suo vero scopo, e cioè curare. Ma ci sono sicuramente scoperte che aiutano chi ne ha bisogno, come ad esempio, la scoperta dell'antimateria che pochi sanno che viene utilizzata nella radio terapia. A Pavia è in funzione il Centro Nazionale di Androterapia Oncologica – un acceleratore di protoni e ioni carbonio originario da un progetto del Cern tra i più avanzati d'Europa. Anche il Web, che utilizziamo ormai con disinvoltura, è il frutto di studi e ricerche del Cern, ed oggi è forse il migliore dei modi che abbiamo di comunicare. Inoltre produce lavoro, creando circa il 15% dell'economia mondiale. La Scienza è utile, dipende tutto dal come si utilizza, ma è utile anche la Fantascienza, che ha spesso anticipato, attraverso visioni futuristiche, un indirizzo sociale o scoperte puramente scientifiche che oggi sono di uso quasi comune.

La mia ignoranza scolastica

Posted on 21 aprile 2013 by pietrochag

A causa di una mia ignoranza scolastica, mi ritrovo spesso a scrivere per poi rileggermi, ed accorgermi che nel testo non ci sono parole appartenenti a quella che dovrebbe essere la cultura, intesa come formazione scolastica e quindi 'superiore'. Penso sempre che chi mi legga mi capisce, perché non devo insegnare nuovi termini, ma far passare concetti che sono parte più della mia esperienza che dei vocabolari. E da quanto mi capita di leggere, specie di alcuni autori italiani, definiti colti, mi accorgo di essere terribilmente incolto. Spesso, lo ammetto, devo andare a chiedere a Google cosa significa una tale parola letta in un testo, e se non è una parola che riguarda un qualcosa di tecnico, mi sorprendo della sua spiegazione, trovandone subito altre cinque con le quali sostituirla. E allora mi chiedo come mai abbia usato proprio quella parola per dire quella cosa. Così mi sovviene che alcune parole non sono espressione naturale di chi le scrive, ma sono ricercate con l'intento di dimostrare la propria cultura superiore. A quel punto, trovandone altre due o tre, smetto di leggere, leggendo tra le righe, che quel testo non è stato scritto né per me, né per quelli come me. Forse conteneva un messaggio importante che mi avrebbe aiutato a crescere, ma se la fatica di comprendere quello che leggo si eleva a fastidio, allora meglio che legga altro. Non sto certo criticando la cultura, ma è che spesso, cose di questo genere, le leggo nei quotidiani, su qualcosa che dovrebbe essere stato scritto per essere compreso da

72

tutti. Una persona di superiore cultura, è così superiore che sa leggere benissimo anche un testo semplice, mentre una persona di cultura inferiore, non capirà facilmente un testo complesso e con termini non di uso comune. Ammetto, ad esempio, che termini a me sconosciuti si affaccino in un poemetto, in una prosa, in una poesia, dove nel diletto di leggere, magari in rima, mi soffermo nel dare un valore a una parola sconosciuta, ma nella lettura di un giornale o di un libro che vuole insegnare qualcosa, non ammetto sfoggi d termini da vocabolario. E mentre sto scrivendo questo testo, mi viene in mente di andare a controllare una cosa con google.... Ebbene, una veloce ricerca mi dice che il 15% degli italiani ha una laurea. Bene, penso che molti articoli, allora, siano scritti per questo 15%, perché il restante 85% degli italiani non li capisce.

I Blog e la scrittura

Posted on 19 aprile 2013 by pietrochag

Non vi è alcun dubbio che internet abbia contribuito alla scrittura. I molti blog che conosco e seguo, mi hanno sempre rivelato mondi di persone di grande sensibilità e capacità. Spesso non si tratta di una capacità letteraria da libro, da quantità, anzi, per lo più si tratta di articoli, in parte lunghi come i miei, che trattano argomenti attinenti alla propria crescita, alla propria evoluzione. Concetti, che a volte riteniamo scontati, si rivelano nuovi, innovativi, e aiutano molto chi li legge. I blog, si dice in internet, hanno avuto un leggero calo negli ultimi tempi, ma io accuso questo calo solo al periodo economico, che costringe molti a dover fare altro, o qualcosa in più per riuscire ad arrivare alla fine del mese, perché gli argomenti di cui parlare, sono sicuramente aumentati. In effetti, c'è un aumento di notizie e di siti e blog che riportano continuamente ogni notizia negativa che si rivela dalle agenzie di stampa ufficiali. E' necessario essere informati su quanto accade politicamente, specie in tempi in cui la politica è allo sbando e sembra proprio non sapere più da che parte andare, però anche questi fatti politici, fanno parte di questa nuova Era che si sta affermando, fanno parte del cambiamento, delle nuove energie che molti saggi dicono si stiano liberando nel mondo. Il punto è che i cambiamenti, sono difficili da capire, e c'è uno sbandamento, c'è una perdita di equilibrio. Così si scrive di meno, si agisce di meno, si diventa un po' apatici senza rendersene conto, in attesa di comprendere da che parte andare. Quest'attesa però è anche piena di aspettative, di

74

speranze, lo deve essere. Non possiamo lasciarci andare, per questo chi può farlo, chi ha qualcosa da 'dare' deve darlo adesso. E' un momento in cui molti hanno bisogno di trovare un aiuto, una parola, un sorriso. E' in questi tempi che l'essere etico, porta vantaggio a se e agli altri. Proviamo a darci con più forza, con più volontà. Anche scrivendo qualcosa, come le semplici parole Amore e Perdono.

Politica

Posted on 16 aprile 2013 by pietrochag

I nostri politici sono stressati. Anche se noi pensiamo che siano dei benestanti che hanno nostri soldi, sono certo che stanno vivendo un periodo di fortissimo stress e che stanno molto male. Da qualche tempo sono senza tv, e per adesso non ho intenzione di riaverla, ma vedo su internet le loro facce tristi e ma decise a salvare la nostra bella Nazione. Ognuno di loro sa come fare, e ne sono così convinti che gli uni e gli altri si affrontano per stabilire quale sia la ricetta migliore. Leggo che i dibattiti si sprecano, i giornali scrivono articoli, i saggi saggiano il terreno del futuro per valutare cosa sarà di loro. Già, è questa l'impressione che ne ricevo, appaiono tutti indaffarati a salvarsi da una catastrofe imminente. Sembrano così intenti a salvarci che per farlo sono disposti a rimanere lì dove sono per anni e anni. Rivelano tutta la loro compassione per noi. Per aiutarli a risolvere i loro problemi, molti imprenditori e operai si stanno suicidando. Ma loro non se ne accorgono, sono troppo impegnati a salvare la Nazione. I giornali raccontano di alcuni di questi disperati che giungono alla tragica conclusione che hanno fallito nella loro missione in terra, ma la maggior parte non fa notizia, perché non sono aziende ricche, ma solo povera gente che ha sempre lavorato, e che ora, grazie a loro, non hanno più la forza di continuare. Nelle zone interne, dove la gente ha vissuto sempre con dignità, non si sopporta l'idea di chiedere aiuto, ma si va in banca, dove ti sbattono la porta in faccia senza alcuna pietà e senza valutare umanamente, quanto sarebbe utile aiutare una persona in difficoltà. Il fatto è che le banche non hanno un cuore. E gli ordini che piovono dall'alto non sono discutibili. Forse sarebbe il caso invece di discutere, di cominciare a ragionare in maniera diversa, sarebbe il caso di non accettare più le condizioni che ci sono imposte. Sarebbe il caso di cominciare a informarsi su come poche persone gestiscono i capitali di un'intera Nazione. Dove sono i soldi che prima c'erano? Bruciati in Borsa? Non mi risulta. Nessuna tv ha parlato di un incendio in Borsa. I soldi non si bruciano, sono in tasca ai pochi che li hanno 'prelevati', perché non penso si tratti di operazioni fortunate. Quando si realizzano enormi capitali, non è per fortuna, è che si hanno piani e informazioni per poterlo fare. Il mondo economico si è allontanato da noi. Bene, è tempo che anche noi cominciamo a pensare di allontanarci dal mondo economico. Cominciamo a parlare con i nostri anziani, e chiediamogli come fare per vivere come vivevano loro. Sì, è utopistico, ma da qualche parte è necessario ricominciare a rivedere il nostro sistema.

Le scuole

Posted on 15 aprile 2013 by pietrochag

In alcune vie del buddhismo, i maestri insegnano metodi
che in altre scuole non sono considerati. Per chi segue il
Dharma, e ne discute, spesso si trova in contraddizioni
con altri, così evidenti che si ha la chiara percezione che
non ci si capisca. Se io dico che è necessario meditare in
un certo modo, un altro mi dice che è sbagliato, e che il
modo giusto è un altro. Possiamo raccogliere tantissimi
metodi di meditazione nel buddhismo, e tutti sono efficaci
e utili. Il punto è di capire a quale scuola ci si vuole rifare.
In questo caso, un principiante ha diverse difficoltà perché
le scuole sono molte. Si può essere attratti da un maestro
di tale scuola, e quindi si segue senza troppe domande, si
apprendono metodi di pratica, ma poi ci si accorge che è
troppo diversa dal nostro modo di essere e si abbandona. I
più caparbi vanno a scoprire le altre scuole, e state certi
che in quel caso, il metodo che fa per voi lo troverete.
Altri invece rimangono ai margini di un buddhismo letto,
ma mai pratico, quindi l'informazione, la capacità di
capire cosa fa una scuola e cosa ne fa un'altra, è
importante per capire da che parte andare. Tenete conto
che le scuole hanno insegnamenti completi per quella
disciplina, e che ogni scuola, ha reso nei secoli, grandi
confort, aggi. Che tutti poi siano Illuminati o meno,
dipende da cosa noi stessi intendiamo con Illuminazione,
perché ciò che è stata della loro realizzazione, non lo
possiamo sapere, quindi si parte nel ritenerle tutte efficaci.
Inoltre, se ci avviciniamo a una scuola e la sentiamo
nostra, e ci troviamo a nostro agio, possiamo liberarci in

essa e procedere sulla nostra strada. Nel mio 'il buddhismo per principianti', spiego bene le scuole e cosa sono, così come sono spiegati i termini più diffusi che vengono utilizzati in generale nel buddhismo. La conoscenza di queste scuole può dare un grande aiuto per comprendere a quale scuola affiancarsi, ma rimane sempre importante l'esperienza. Se in una scuola non ottenete esperienze, se dopo un certo periodo che praticate non cominciare a sentire qualche cambiamento, allora è il caso di parlare con un maestro e se questo non aiuta, allora è il caso che accettiate anche la condizione di cambiare scuola. Spesso ci s'innamora della 'propria' scuola perché si trovano amici, perché ci si sente in uno stato di confort, ma se non si ottengono risultati durante la meditazione, allora è probabile che quella scuola non faccia per voi. Cambiare non è tradire, ma accettare di aver commesso un errore. Non tutte le vie valgono per tutti, altrimenti il Buddha ne avrebbe data una sola.

Ostacoli

Posted on 13 aprile 2013 by pietrochag

Superare gli ostacoli della mente nella meditazione è un compito che ogni meditante si porta appresso per anni, finché qualcosa non riesce a scalfire questo limite, e lo porta a liberarsi, anche se per un istante, nel flusso infinito dell'energia primordiale. Gli impedimenti a questa esperienza, si dice, siamo sempre noi, ma questo noi, non ne è cosciente. Accade perché non abbiamo controllo mentale, siamo prigionieri delle nostre stesse proiezioni, e non riusciamo a liberarcene. Non si può avere un'idea di ciò che potrebbe essere la rivelazione della propria Natura, l'unico modo per farsene un'idea è quella di sperimentarla. In essa è contenuta una forza che annulla la dualità. Mancando la dualità, manca tutto ciò su cui si basano la nostra mente e la nostra esistenza. Ci troviamo in uno stato, dove il nostro esistere non esiste più in termini duali. Eppure c'è qualcosa di vivo, di potente, di profondamente potente che ci indica che siamo a casa, che siamo in uno stato che è il nostro stato reale, vero, unico. Quando non c'è dualità non ci sono più domande, non ci sono più cose da tenere sotto controlla, la mente non ha alcuna capacità di interferire, e quieta, silenziosa, non c'è nemmeno il pensiero che chiede se esiste o no, non ha alcuna importanza. E' un oltre che non si spiega se non con l'esperienza. La mente duale, quindi, sa che andando oltre il suo limite, non ha più potere di intervenire, e si difende, costruendo pensieri e attaccamenti sempre più sottili. Più esegui meditazioni profonde, più la mente crea pensieri sottili. Puoi avere percezione di assoluto silenzio, ma essa è li, e sta agendo per farti avere la percezione di assoluto silenzio, sei ancora nel duale. La mente sa essere molto intelligente, sa come fare per non cessare, perché la sua paura, la nostra paura più grande, è quella di non esistere, di annullarci, per paura di perdere il controllo. Allo stesso tempo ne siamo attratti, sappiamo che c'è qualcosa di più grande, di più importante e quindi leggiamo libri, meditiamo, andiamo ai ritiri. Abbiamo afferrato in qualche modo qual è il senso del percorso, sappiamo dove dobbiamo andare, sappiamo di volerlo fare, ma non abbiamo le capacità di superare questi ostacoli che la mente ci propone costantemente. Questo è l'ostacolo che impedisce di sperimentare la propria Natura, ed è molto complesso. Lasciare andare. Così dicono i Maestri. Lasciare andare.

Lascia andare

Posted on 12 aprile 2013 by pietrochag

Quando ci proponiamo di meditare, ci disponiamo a fare qualcosa. Questa disposizione mentale ci porta a ragionamenti su ciò che dobbiamo fare per meditare. Dobbiamo accendere la candela o l'incenso, dobbiamo sistemare il cuscino, dobbiamo sistemarci in questa posizione e dobbiamo cominciare con il rilassarci. Stiamo facendo, non stiamo meditando. Dobbiamo concentrarci sul respiro, dobbiamo calmare la mente. E adesso che siamo calmi dobbiamo capire cosa c'è nella nostra mente, osservare con attenzione ogni cosa che accade, non dobbiamo attaccarci ai pensieri, dobbiamo stare attenti a non farci trascinare in discussioni inutili. Creiamo uno spazio interno pieno di attenzione e di osservazione, facciamo delle cose per ottenerne altre. Evitiamo con attenzione ogni distrazione e ci disponiamo a una mente serena. Togliamo ogni intrusione e rimaniamo in questo silenzio 'forzato' evitando di percepire qualsiasi cosa perché sarebbe distrazione.

Non è proprio così che funziona la meditazione. Per questo è difficile spiegare cosa fare per meditare. Perché quello che è da fare si deve fare da sé. Il lasciare andare è forse la pratica più difficile per la nostra mente, perché non è in grado di lasciare andare. Lasciare andare significherebbe che non dovrebbe più essere il centro della nostra esistenza, significa che sarebbe messa da parte. La mente è il centro della nostra esistenza, senza la mente non siamo nulla, non esistiamo, quindi perché tentiamo di annullarla? Perché facciamo delle cose per portarla all'estinzione? Sono errori fondamentali che si fanno durante la meditazione, errori che portano la mente a uno stato di calma, ma mai in profondità. Si rimane in uno stato di autocontrollo, si rimane sempre attivi nel dare attenzione a ogni evento che accade nella nostra mente. Questo perché se dovessimo realizzare l'Illuminazione, vorremmo vederla. Altrimenti perché devo meditare? Se accade che veramente riesco a fare il grande salto, e non ho una mente per capire cosa sta accadendo, come faccio a sapere che sono un Illuminato? Questo è un vero ostacolo alla meditazione, il bisogno di avere sempre conferme che non siamo diventati un nulla. La prova che ci siamo ancora e che siamo in grado di gestirci. E' una paura giustificata perché la mente ha bisogno di continue conferme per la sua esistenza. Non cede mai il passo a esperienze che lei stessa non può gestire. Quest'atteggiamento mentale, ci impedisce di avere esperienze profonde di meditazione e di rivelarci la nostra vera Natura.

Nel buddhismo Vajrayana si utilizza il metodo di lasciare andare. Lasciare andare. Lasciare andare.

Ciò che conosce la mente

Posted on 11 aprile 2013 by pietrochag

La mente, con i suoi pensieri, e con tutti i suoi aggregati, è l'unica cosa che percepisce. Ciò che ci circonda è percepito, noi non siamo percepiti dalla terra, dal fuoco, dall'acqua o dall'aria. Siamo noi che percepiamo ogni cosa. In effetti, i cinque elementi che ci contengono e che ci sviluppano vita, non percepiscono nulla. Il fuoco non ci sorride quando ci scaldiamo, sorride la nostra mente per il piacevole tepore che prova il corpo, e così è per gli altri elementi. E quindi, salvo che nel corpo non vi sia una mente pensante, nemmeno il corpo percepirebbe nulla. Allo stesso tempo, nemmeno i nostri cinque sensi percepiscono qualcosa. Perché se dietro di essi non vi fosse una mente, non percepirebbero nulla. Così si realizza che senza una mente, l'intero mondo, l'intero universo, sarebbe del tutto vuoto, o meglio, non essendoci nulla che lo percepisce potrebbe esistere e non esistere perché nulla starebbe a stabilire tutto questo. Potrebbe esistere la materia, ma la materia non conosce, è conosciuta solo da una mente, quindi risulta che c'è solo una cosa più importante della mente ed è la Natura della Mente, la natura del Buddha. Tutti gli esseri senzienti, insegna il Dharma, hanno la natura del Buddha, tutti gli esseri senzienti, anche il più piccolo. Questa Natura è in ognuno nella stessa qualità e quantità. Il Buddha non ha qualità di buddhità o quantità superiore a nessun essere senziente. La Natura di Buddha è identica in tutti gli esseri senzienti. Questo concetto è duro da comprendere, ma questo viene insegnato nel Dharma. La differenza la fa la mente dell'essere, la mente pensante, la mente che si regge sul pensiero dualistico. Ogni differenza da questo stato è dato dalla nostra capacità di essere vicini o distanti dalla nostra reale Natura. Più ne siamo lontani, più viviamo vite che ci appaiono povere, sia di spirito sia di materialità. Più siamo vincolati al dualismo più siamo lontani dalla nostra Natura. La meditazione deve portare a comprendere la nostra Natura, serve per questo. Non si può comprenderla subito, perché come scrivevo in precedenti post, dobbiamo prima liberare la mente ed il karma che ci impedisce di sperimentarla, ma questa è la via per aprici alla buddhità.

Il karma della mente

Posted on 10 aprile 2013 by pietrochag

Se volessimo fare delle buone esperienze nella meditazione, dovremmo cominciare col comprendere che il nostro stato interiore, è legato alle nostre azioni esteriori ed ai nostri pensieri. Non si può meditare veramente se non correggiamo i nostri imperfetti comportamenti. Qui non sto parlando d'imperfetti comportamenti contrapposti a perfetti comportamenti, simili a quelli di un Buddha, ma sto parlando dei comportamenti etici che viviamo o non viviamo nella nostra vita normale. Un atteggiamento etico negativo nella vita, ci può impedire di entrare in meditazione per mesi o anni. Finché non abbiamo chiaro il concetto di etica, di moralità, saremo prigionieri dei nostri pensieri. C'è uno stretto legame tra l'etica e il nostro spirito. Se vogliamo essere persone spirituali, dobbiamo conoscerci e scoprire quali sono le nostre credenze. Se scopriamo questo, possiamo anche vedere che tra di esse ve ne sono alcune che appaiono etiche mentre in realtà non lo sono. Un altro ostacolo è il pensare che tutto ciò che facciamo per la meditazione o per il Buddha, sia comunque cosa buona e giusta. Anche qui giochiamo con una specie di filosofia 'costruita ad hoc' dalla nostra mente che ci fa accettare cose che invece sono da evitare. Spesso parliamo o leggiamo di karma, di influenze del karma, ma raramente avviciniamo il karma ai pensieri. Per lo più pensiamo che riguardi ciò che ci accade, l'esterno o il modo con cui ci accadono le cose, ma il karma è anche nella nostra mente, nei nostri pensieri. Lega i nostri pensieri ad un modo stabilito, schematico, controllabile e comprensibile attraverso la logica della sua struttura. Il karma dei pensieri è molto più sottile del karma materiale, perché non vedendolo, non lo pensiamo esistente. Questo tipo di karma è quello che ci fa sorridere quando non vorremmo, ci fa pensare quando non vorremmo, ci fa dire cose che non dovremmo dire. Si considera tutto questo come ignoranza, o incapacità di comunicare qualcosa, mentre è proprio una struttura karmica, un modo sistema costruito da nostre azioni precedenti. Abbiamo appreso attraverso le esperienze a pensare in questo modo, e consideriamo questo modo perfettamente funzionante, ma i nostri pensieri non avvengono per nostra scelta cosciente, avvengono per marcate caratteristiche karmiche, e se non apprendiamo come funzionano, non possiamo liberarcene. Agisce con le stesse modalità del karma materiale, ma è più sottile, perché essendo pensieri, nascono e ci gestiscono con una certa forza, convincendoci che noi sappiamo bene cosa stiamo pensando e cosa stiamo facendo. Ecco però, che in aiuto ci viene la purificazione. Mantra e visualizzazioni. Sono due mezzi potenti per spezzare il karma della mente. E' necessario quindi farsi dare iniziazioni di Mantra e di visualizzazioni da un Maestro qualificato, affinché anche il karma dei pensieri sia eliminato.

Meditazione e semplicità

Posted on 9 aprile 2013 by pietrochag

Certo, estrapolare un significato alla meditazione è un po' come raccontare storie dal senso contorto, ma infondo è una semplicità che possiamo sperimentare. E la meditazione nel buddhismo può apparire ancora più difficile. Serve un forte desiderio che deve nascere dal proprio modo di essere. Ci sono persone che hanno capacità molto forti, ed entrano in meditazione con una certa semplicità, per altri appare più difficile, più complesso. Sembra che quando ci spiegano come meditare, non riusciamo a comprendere bene cosa dobbiamo fare. Il fare, nella meditazione, riguarda pratiche di visualizzazione, che sono date solo dopo aver compreso come si medita. Il problema è che comprendere come si medita, è possibile solo attraverso l'esperienza. Il principiante deve iniziare comunque da zero. Il respiro aiuta a rilassare la mente, ma una volta rilassati, cosa facciamo? Ci godiamo il rilassamento? Stiamo bene, certo, ma forse la meditazione richiede qualcosa in più. La calma mentale è comunque il primo traguardo, necessario per rilassarsi dal continuo frastuono dei pensieri. Dobbiamo portare i pensieri a un sussurro, perché estinguerli e quasi impossibile. La mente ha necessità di creare pensieri, è un fatto biologico. Le energie elettriche stesse del cervello provocano continuamente scintille di pensieri. Ci rimane un sussurro che continua a commentare il nostro operato. Una parte di questo sussurro è puramente distruttivo, e ci porta spesso a ritrovarci in un ragionamento complesso in men che non si dica. L'altra parte, più sottile, ci indica il cosa fare. Le sue indicazioni sono per lo più trasmesse a sensazioni, più che a parole. Sussurri come calma, silenzio, lascia andare, rilassati, vai, non afferrarti, emergono per dirigere il nostro stato interiore verso l'attenzione concentrata, mentre i dialoghi emergono per distrarci da quello stato. Se vi chiedete il perché, state smettendo di meditare. Quando il maestro vi dice di lasciare andare, lasciate andare. In questo modo, lentamente, con il tempo, vi troverete a meditare senza sapere di saperlo fare, ma lo state facendo. L'esperienza vi dirà che lo avete fatto bene, e che non ci sono premi per questo. C'è solo il desiderio di volerlo rifare ancora. Quando realizzerete questo stato, avrete appreso come si medita. E allora potrete integrare gli insegnamenti dei vostri maestri. Senza questa esperienza, non avreste modo di capire perché la meditazione è così importante. Ci vuole costanza, pratica e una vera ispirazione ai mondi spirituali, altrimenti, alla fine, si smette.

Silenzio

Posted on 8 aprile 2013 by pietrochag

Nel silenzio del vasto Oceano dei Cieli,

lascio andare ogni pensiero.

Che la mente si acquieti,

perché è giunto il momento del riposo.

Ogni segno di movimento mentale è calmato

E il silenzio si diffonde.

Si apre la mente e perde la direzionalità.

Non vi è più avanti e dietro, né su o giù.

Un vento, che arriva da nessuno sa dove,

smuove aria inesistente.

Ombre di chiare nuvole invisibili si muovono

in nessuna direzione.

E non vi è più pulsare. Non vi è più respiro.

Ampia e vasta la pianura senza terra.

Alte e regali le montagne del nulla.

Nulla cerca nulla.

E' solo pace.

Adesso, meditazione!

Posted on 6 aprile 2013 by pietrochag

Ci sediamo sul nostro cuscino e respiriamo lentamente...
Quando si pensa, durante la meditazione, i pensieri
diventano più solidi. Accade che quando li osserviamo,
emergono in numero maggiore, e se proviamo a farli
indietreggiare, si solidificano. A volte diventano frasi che
si ripetono, a volte sono dialoghi che non hanno fine,
oppure si fermano e diventano suoni, motivetti,
canzoncine vaghe. Altre volte appare come una specie di
nube semilucida che ci cattura, e ci sembra che da un
momento all'altro si espanda, illuminando la nostra intera
mente. Così rimaniamo in attesa, quasi col fiato sospeso in
attesa di un grande evento. Alte volte ancora, ci troviamo
in uno stato senza pensieri, ma con la sensazione di non
fare nulla di utile, come se ci serva qualcosa in più, forse
una nuova iniziazione, oppure una peak esperience che ci
dia un impulso a uscire da quello stato che sa di noia.
Capita anche di sentirsi piuttosto enfatici, e di visualizzare
un'icona che ci piace, lanciando su di essa tutte le nostre
buone intenzioni. Ci troviamo anche invischiati in super
conversazioni filosofiche con noi stessi nel tentativo di
capire concetti e insegnamenti che emergono dalla nostra
mente, spesso senza riuscire nemmeno a capirne il senso
superficiale, ma consci che quella è la giusta via. Accade
anche che dopo qualche minuto che siamo seduti,
comprendiamo subito che siamo lì a far niente, e che ci
conviene alzarci e farci un tè o un caffè che forse è
meglio. Il contatto con l'esperienza della meditazione è un
argomento imponente, che coinvolge tutto il nostro essere,

e quindi c'è anche il corpo che ogni tanto si lamenta e ci costringe alla distrazione. Alla fine, è chiaro che l'unica cosa che sappiamo fare bene durante la meditazione, è distrarci con qualcosa che abbia almeno un po' del senso della diversità dallo stato normale, se questo accade, siamo sicuri di aver fatto una buona meditazione. In genere ci rialziamo soddisfatti e ci complimentiamo con noi stessi per l'ottima sessione. In realtà abbiamo passato una mezzoretta in compagnia di noi stessi, ma non abbiamo ancora compreso cosa sia la meditazione. La soluzione per comprenderlo però, è corretta. Solo provando e riprovando, mettendo la nostra mente in queste situazione, che possiamo scoprire cosa si nasconde dietro la parola meditazione. Se ogni volta che proviamo non vediamo Buddha volanti o luci sfavillanti, o paradisi dei Buddha o anche il nostro amato maestro, ci arrendiamo, non lo scopriremo mai. Purtroppo, alla base di tutto c'è la pigrizia, il senso di stare a perdere tempo che ci indica vie più facili. La mente è astuta più delle nostre stesse credenze.

Meditare in compagnia

Posted on 5 aprile 2013 by pietrochag

C'è una differenza tra un yogi che pratica in solitudine, e
quelli che praticano spesso in compagnia. Gli yogi non
fanno pratiche tipo le sadhana, ma eseguono per lo più
esercizi interiori, i praticanti in generale, praticano
sadhana spesso in compagnia. Alcuni preferiscono
praticare da soli, si sentono più concentrati, e in un certo
senso è vero, le pratiche in solitudine appaiono più
attenzionate. Ma è anche vero che le pratiche assieme ad
altri, hanno un valore superiore, specie per i principianti
ma non solo. Non so se vi è capitato di partecipare a ritiri
dove tutti assieme si eseguono delle sadhana. Quando si è
in armonia con l'intero presente, con tutti i presenti, e con
il maestro, accade che, se siete attenti, potreste avere
un'esperienza veramente notevole. Durante la recita della
sadhana, specie nella recitazione dei mantra, si concentra
un'area, al centro della sala, in alto, dove si percepisce
l'essenza della pratica, come se fosse indirizzata in un
punto ben preciso. Questo punto immaginario, prende
corpo come se fosse qualcosa di reale, non si vede con gli
occhi ma si può percepire chiaramente. L'esperienza che
se ne ottiene, è una forte spinta ad entrare in meditazione,
nel silenzio che segue il mantra. Se siete abbastanza
attenti, potrete percepire la forza che scaturisce da questo
punto come 'costruita' da tutti i presenti, e non solo dalla
forza del Lama. Lasciandovi andare nella vostra silenziosa
mente, avrete esperienze di meditazione profonda, tanto
che spesso ne percepite la profondità soltanto finché ci
siete 'dentro', poi, quando ritornate a comunicare con gli

altri, può accadere di dimenticarvene, ma vi rimane un senso di profonda serenità che invade tutto il vostro essere. Così, la meditazione in gruppo, è capace di infondere un'energia che in altro modo non potreste sperimentare. La meditazione solitaria, si rifà invece a processi di 'canali', di 'tigle' di energie sottili, che richiedono proprio una concentrazione priva di distrazioni, e per questo non si pratica in compagnia, perché in quei casi, anche un respiro non 'corretto' vi potrebbe distrarre da stati profondi che sono l'essenza da realizzare in quei casi. La meditazione, comunque sia, è di grande beneficio sia per i praticanti sia per coloro che vogliono cercare un momento di serenità e di chiarezza mentale. E' sempre qualcosa di utile, e fa un gran bene all'intero nostro essere, sia fisico che spirituale.

Foglie secche

Posted on 4 aprile 2013 by pietrochag

E allora rendiamo il tempo che rubiamo all'eternità. Ci raccogliamo come secche foglie attorno al tronco delle nostre esperienze, senza pensare che un attimo di esistenza si sia consumato dietro un rincorrere di speranze senza senso. Coinvolti in un mare di credenze, cerchiamo di dare un valore al nostro respirare, senza accorgerci che ogni respiro è parte di un infinito e di un'eternità che non raccoglie masserizie per il lungo inverno. Quando il freddo ci accompagna al fuoco, ci manca amore, quando la sete ci accompagna alla fonte, ci manca compassione. Ogni cosa si mischia con il nostro senso di tempo, e ci porta a compiere azioni senza fine, finché un giorno siamo dinanzi ad essa. Nulla finisce. Lo dicono i Saggi, ma termina per noi oscuri viandanti, la cognizione di essere qualcosa oltre le nostre credenze. E allora rendiamo il tempo all'eternità, che non ne ha alcun bisogno. Siamo capaci di pensare di cavalcare un'onda, e questa esistenza appare in questo modo illusorio, ma l'onda è giù, è già oceano. Piccoli frammenti di acqua scagliati nei cieli delle nostre fantasie. E ci leghiamo al tempo che ci serve per essere sbalzati in aria e per ritornare oceano. Ecco, questo mi appare tempo, e non altro. Meticolosamente abbiamo appreso a dargli misura, e in essa agire come se il tempo esistesse di per sé. Se il tempo esistesse, potrei comprarne un po', se fosse materia, potrei riempirne un barattolo, ma dov'è il tempo se non nel comprendere che è qualcosa che buttiamo via? Vecchie e nuove credenze ci coinvolgono e ci sconvolgono, aggrappandosi alla nostra illusorietà e facendoci vedere città invece che sabbia, ma va bene la città, va bene l'illusione, ci appare come qualcosa. Il vuoto, il senso del non-qualcosa, non lo comprendiamo. Forse avendo altro tempo... illusioni. Se non riusciamo a liberarci dalle nostre credenze, il tempo è padrone. Prigionieri di noi stessi. Prigioni create per noi da altri che hanno più illusioni di noi. Ce le vendono, ce le regalano, sono prigioni che hanno qualcosa che brilla, come l'oro, ma ormai dovremmo sapere che si tratta sempre e solo di illusioni. Le nostre credenze sono dure a morire, più dure della stessa morte che accoglierà questo corpo. Avrà un bel da fare per dimostrarmi, quando sarà il tempo, che anch'io sono morto. E per convincermi, dovrà dimostrarmelo senza tempo.

Sentieri

Posted on 3 aprile 2013 by pietrochag

Non si può considerare un sentiero iniziatico alla stregua di una religione. Sono cose separate, seguono percorsi diversi e scopi diversi. Una religione crea icone da adorare e venerare, un via iniziatica crea icone che sono parte di se stessi. La preghiera, benché rimanga una forte liberazione emotiva, si rivolge per ottenere qualcosa, che sia per se o per gli altri, poco importa, lo scopo è di ottenere qualcosa per qualcuno o anche per tutti gli esseri senzienti. Il silenzio dell'iniziato, invece, deve percorrere l'intera capacità interiore per esprimersi dall'altra parte di ciò che siamo. Questo silenzio è ciò che l'iniziato esprime in un atto di potenza interiore, lasciato scorrere nello strato più sottile del proprio essere, senza essere più cosciente di essere tale. Questa è la preghiera che supera ogni ostacolo ed è ascoltata da chi ascolta. Ho letto preghiere veramente bellissime, oltre a quelle note in diverse religioni, e alcune toccano veramente il cuore con fortissima emotività, ma è, appunto, emotività. Nello scorrere dell'esperienza diretta di questa vastità, che definisco spirituale, perché non ho un termine più preciso, ciò che accade deve essere libero da ogni condizionamento, e per realizzare questo stato non basta realizzare il silenzio dello stato mentale. Si deve andare ancora più in profondità. Questa profondità è un'esperienza, o si fa direttamente, o non si capirà mai di cosa sto parlando. Va oltre le spiegazioni possibili, è proprio un'esperienza che quando tenti di spiegarla sai che non puoi farlo, e allora taci. Il punto fondamentale rimane l'avere iniziazioni da maestri che hanno realizzato quanto stanno dando, solo attraverso la trasmissione diretta si possono aprire i canali necessari all'esperienza di quanto si pratica. Oggi accade che i maestri siano tantissimi, e che in ogni città, in parte, arrivino grandi maestri, ma raramente arrivano maestri che danno iniziazioni complete su pratiche di una certa importanza. Questo anche perché un maestro che ti da una certa iniziazione, deve poi farsi carico di seguirti. Non può darti un'iniziazione se poi non ti segue nel momento del bisogno. E' necessario un contatto diretto e che abbia una certa costanza. Se noi vediamo il nostro maestro una volta l'anno, o ogni due anni, anche se riceviamo grandi insegnamenti, staremo a scervellarci per mesi e mesi su qualcosa che pensiamo sia corretto, mentre non lo è. Il maestro deve dare conferme e correzioni di rotta quando si entra in certe iniziazioni, ed è per questo che in Italia si hanno pochi iniziati di grande esperienza. Le difficoltà sono molte, e non tutti possiamo abbandonare tutto per vivere da monaci o in un monastero. Per quelli come me, è importante capire bene quanto appreso. Accettare consigli da meditanti più esperti, e quando possibile, stare con il maestro e tempestarlo di domande.

Senza titolo -

Seguendo le vie della conoscenza, proprio con l'intento di conoscerle, s'incappa spesso in contraddizioni piuttosto forti. Le vie esoteriche iniziatiche, mantengono un forte riserbo sulle norme operative, e spesso si trovano testi scritti da grandi personaggi di tali vie, dove c'è di tutto, ma non si viene a capo di nulla. Su questi libri, spesso, nascono vie con facsimili di maestri che insegnano quanto appreso dai libri, senza mai avere incontrato un vero maestro e averne ricevute le reali e giuste iniziazioni. Accade così che nascono gruppi di meditanti, di iniziati che non sono iniziati a niente. Lavorano molto, cercano anche di credere in ciò che fanno, ma rimane che oltre a quanto letto non riescono a insegnare, tranne i casi in cui entra in gioco una fervida immaginazione, e si creano icone e personaggi presi da diverse tradizioni, formando così una via del tutto nuova, intrigante, affascinante, ma sempre priva di reali iniziazioni. Spesso, queste mezze-vie, portano anche denari facili, e a volte, la storia racconta, si è arrivati anche a sottomettere psicologicamente, delle persone ricche per avvantaggiarsene economicamente. Nella storia recente, intendo da poco più di un secolo a questa parte, si trovano eminenti nomi, ancora oggi venerati, che non hanno assolutamente dimostrato di aver acquisito le conoscenze, e i poteri che queste vie dovrebbero dare per essere considerate tali. Molti sono i personaggi finiti male, con seri problemi di salute, alcuni sono impazziti, altri si sono gravemente ammalati, coinvolgendo in queste negatività anche i loro famigliari. Eppure, di molte di queste pseudo vie esoteriche permangono discepoli anche ai nostri giorni, che continuano a perpetuare insegnamenti senza una reale capacità operativa a livelli spirituali di certa conoscenza, e quindi di sicuro frutto. Quando si vuole accedere a vie iniziatiche esoteriche, compreso il buddhismo, si accede a una via, dove l'insegnamento iniziatico è estremamente importante, ed è importante accertarsi che il maestro che da tale iniziazione, l'abbia realmente ricevuta a sua volta ed anche realizzata, altrimenti non sta dando iniziazioni ma, semplici spiegazioni su come dovrebbe funzionare tale pratica. Infatti, quando poi si mette a frutto, se non si ricevono segni inequivocabili che l'iniziazione ci sia stata, è il caso di allarmarsi, perché si stanno utilizzando forze ed energie non controllabili e senza alcuna protezione. La pratica della meditazione, fino ad un certo punto, richiede più che altro una certa enfasi, specie per i principianti, che li faccia rendere conto che è una via che può dare molto, ma quando si passa a sentire il bisogno di qualcosa di più, allora si entra veramente nella via, e gli insegnamenti diventano parte integrante della propria esistenza, abbandonando completamente ogni dubbio. A questo punto il discepolo ha bisogno di verificare con chiarezza le capacità del proprio maestro, anche andando a chiedere ad altri maestri se costui ha realizzato veramente quanto dice. Il non farlo, può portare veramente verso un baratro di sofferenze. Le vie iniziatiche non sono facili da percorrere, e sono sempre affiancate da un forte pericolo per se stessi e per gli altri.

La Scienza e il DNA

Posted on 28 marzo 2013 by pietrochag

Voglio condividere con voi una mia lettura, che forse conoscete già, ma è molto intrigante e apre spazi alla mente non indifferenti.

In una ricerca pubblicata sul periodico Advances nel 1993.

L'esercito americano riferisce di aver condotto esperimenti per stabilire con precisione se il collegamento emozione/DNA permane dopo una separazione e, in tal caso, fino a quali distanze. I ricercatori hanno iniziato eseguendo un tampone sui tessuti all'interno della bocca di un volontario. Il campione è stato isolato e portato in un'altra stanza dello stesso edificio, dove si è cominciato a studiare un fenomeno che secondo la scienza moderna non dovrebbe esistere. In una cavità predisposta allo scopo, sono state eseguite sul DNA delle misurazioni elettriche per verificare se rispondeva alle emozioni della persona da cui proveniva, cioè il donatore che si trovava in un'altra stanza, distante parecchie decine di metri.

Al soggetto, sistemato nella sua stanza, è stata mostrata una serie di filmati videoregistrati. Le immagini erano concepite per creare stati emotivi istintivi nel suo organismo, per mezzo di temi che spaziavano da realistiche riprese fatte in tempo di guerra, fino a immagini erotiche e situazioni comiche. L'idea era di far provare al soggetto una serie di emozioni vere in un breve intervallo.

Mentre le provava, in un'altra stanza era misurato il tipo di risposta che dava il suo DNA.

Quando le emozioni del soggetto toccavano alti o bassi "picchi" emotivi, le sue cellule e il suo DNA producevano nello stesso momento una forte risposta elettrica. Sebbene il soggetto e i suoi campioni fossero stati collocati a varie decine di metri di distanza fra loro, il DNA si comportava come se si fosse trovato ancora fisicamente in contatto col corpo del soggetto. La domanda che ci si pone è: "Perché?"

Il dottor Cleve Backster, e il dottor Neffrey Thompson, hanno eseguito lo stesso esperimento, portando a più di seicento chilometri di distanza, il DNA del donatore con lo stesso identico risultato. Un'altra scoperta sensazionale, legata all'esperimento, è che tra l'emozione della persona, e il suo DNA non c'è alcun tempo di distanza, cioè l'emozione è provata nello stesso istante da entrambi. Questo implica che non esiste un'energia che li collega, ma sono unite a qualsiasi distanza essi siano, nello stesso istante. La misurazione del tempo è stata eseguita con un orologio atomico di estrema precisione, e non risultano differenze di tempo nemmeno di uno 0000,0001. Accade nello stesso istante.

Terra e Acqua

Posted on 27 marzo 2013 by pietrochag

La pioggia continua a cadere giorno per giorno. La terra assorbe, certa di saper contenerla. Alcune sorgenti ormai prosciugate si rianimano e zampillano allegre. A volte coltri di nebbia si alzano sotto qualche raggio di sole. Da queste parti qualcuno si lamenta, ma tutti sanno quanta ricchezza ci da questa pioggia. I tempi sono tornati indietro, e molti hanno cercato, nascoste sotto abbandonati sterpi, le vecchie zappe. Qualcuno sta già cercando buoni semi, e questa estate ci saranno molti orti. Forse questa civiltà ci ha abituati a non averne più bisogno, ma da queste parti, alcuni attrezzi, erano solo messi a riposo per un certo periodo. Ora tornano utili. Ci si alzerà all'alba per innaffiare, ma non tutti. Le innovazioni si diffondono in fretta meglio un impianto a 'goccia'. Qualcuno farà l'orto sinergico, nuovo modo, per noi, di coltivare, ma si torna alla terra. Quella che ci ha dato la vita. Lentamente ci si riappropria di antichi lignaggi. Vagando nei ricordi, ci si accorge che anche i nostri nonni… e così si riprende una via per necessità. Un impero economico dove tutto è reperibile non sa più dare ciò che possiede. Lo tiene 'legato' al patrimonio, agli interessi fino a considerare che convenga distruggerlo piuttosto che darlo a meno prezzo. Che civiltà abbiamo costruito? Già, c'eravamo anche noi, ma non abbiamo mai detto niente. E se qualcuno l'ha detto, nessuno l'ha ascoltato. E' triste pensare che abbiamo legato la nostra esistenza all'economia. Ricordate? Se compri la lavatrice, avrai più tempo! Con la lavastoviglie non dovrai più perdere tempo a lavare i piatti a mano! Con l'aspirapolvere.... Quanti di voi hanno tempo da dedicare a se stessi? Alla meditazione, alla riflessione, a passeggiare senza una meta per qualche ora? Quanti di voi possono stare seduti in riva ad un fiume? E allora, mi chiedo, dove abbiamo messo tutto il tempo che abbiamo risparmiato con la tecnologia?

Acqua di ruscello

Posted on 26 marzo 2013 by pietrochag

Quando ero bambino, ricordo, usavo giocare in un ruscello di acqua vicino a casa. Non c'era nessuno a impedirmelo. Scavavo piccoli fossati sulla sabbia della riva e poi vi facevo scorrere l'acqua. Costruivo nuovi fiumi. Era un gioco che mi affascinava. Un'avventura senza parole. L'acqua, così liquida, seguiva il percorso che gli costruivo, per tornare poi nel suo letto naturale. Oggi provo a fare lo stesso con la mia mente, costruisco nuovi percorsi, dove far fluire la mia energia. Non uso più la sabbia, ma la meditazione. Ho scoperto così di avere canali, nella mente, che non confluiscono nel fiume del cuore. Canali costruiti da me stesso per ignoranza, e da altri perché erano persone di cui mi fidavo. Spesso sono fossati che non fanno altro che girare in tondo, come un moto perpetuo, senza riuscire a trovare un'uscita. Li chiamo vizi. Vizi mentali e fisici. Condizionamenti che appaiono innati, ma che non lo sono. Sono i fossati della prigione interiore. Quando cadiamo in uno di questi fossati, tutto è lineare. Ogni cosa si ripete come un rito, ma non ne ha la profondità. Sono gli stati che utilizziamo di più durante la giornata, sono le abitudini. Giriamo intorno a cose già fatte, e abbiamo la certezza che le rifaremo di nuovo uguali. Ci appaiono come cose indispensabili, ed è vero, alcuni lo sono, ma per la maggior parte, sono solo vizi mentali. Per rendersene conto è necessario calmare il flusso dei pensieri e rimanere ad ascoltare il silenzio che c'è in noi. Entrare in meditazione. Senza grandi tecniche, senza grandi maestri, senza abbracciare per forza una filosofia. Siamo ciò che siamo in questo momento, non c'è altro. In questo silenzio si possono scorgere i fiumi impetuosi che corrono in questi fossati. Disturbano, creano 'rumore', distraggono. E allora ci accorgiamo che non hanno alcuna utilità. E' ora di alleggerire la propria mente e il proprio cuore, riempiendo questi fossati di amore e di perdono per se stessi e per gli altri.

Senso di catastrofe

Posted on 24 marzo 2013 by pietrochag

Senso di catastrofe. Notizie di grande impatto sono costruite con affanno da giornalisti che 'tengono' al loro posto. Politici sudati, con gli occhi sbarrati, in preda a convulsioni esoteriche dove i demoni dei loro incubi si fanno materia. Ha paura il popolo, perché teme il potere acquisito di questi uomini-demoni. Potrebbero reagire con un colpo di coda e farci più male di quanto ci abbiano fatto finora. Hanno paura i politici, perché sentono che il popolo è stanco della loro arroganza. Si sentono in un angolo. Ma hanno mezzi potenti, come il denaro e le Forze dell'Ordine dalla loro parte. Esprimono quella falsa sicurezza nei loro discorsi, perché loro hanno capito di cosa abbiamo bisogno. Ci hanno messo qualche mezzo secolo, ma l'hanno capito, e adesso ce lo vogliono dare. Ma non si può accettare che la gente li tratti così male, non si possono considerare tutti dei ladri. Non lo sono. Anzi, se qualche cosa l'hanno fatta, è perché non si poteva fare altro, il sistema non l'hanno inventato loro, ci si sono trovati. Ed hanno dovuto accettare altrimenti… altrimenti.. altrimenti… Che cosa sarebbe accaduto se qualcuno avesse detto prima che tangenti e sprechi erano la norma? Se qualcuno lo avesse detto, prove alla mano, sarebbe stato un eroe. Ma gli eroi sono difficili da trovare. E non sempre possono viaggiare con l'auto blu. Assistiamo all'ennesimo teatrino politico con la certezza che nessuno di loro ci porterà fuori dal fango in cui ci hanno portati. Hanno anche la certezza che cadranno anche loro, ma intanto continuano a recitare lo stesso copione. Senza meditare su nulla, ma ragionando su tutto. Quando avevo vent'anni, avevo letto queste parole e le avevo copiate sulla mia agenda. Le ho rilette migliaia di volte, e sono sempre valide come allora. So che anche loro le conoscono. Ma le 'sentiamo' sicuramente in modo diverso.

Intime sofferenze

Posted on 23 marzo 2013 by pietrochag

Di là raggi di sole che giocano tra nuvole che domani porteranno pioggia. Dinanzi a me la montagna-boscosa che circonda Asè. In testa la voce di 'Paola' che distribuisce saggezza. La vastità del cielo vista con gli occhi della mente, mentre il piccolo fiume infuria tra i pochi sassi e suona come fosse grande. L'odore dell'umido di molta pioggia, di molta neve dei giorni passati. E il senso di camminare sospeso tra diversi mondi, ognuno dei quali mi sfiora, ma non mi rapisce. Il senso intimo di ciò che è, si muove leggero, silenzioso, quasi a non volermi disturbare, mentre cerco proprio il suo disturbo. Cammino cieco, perché conosco la via, ho solo bisogno di percepire quel vento di energia che smuove i mondi, che smuove le anime. Non posso rimanere ignaro di sofferenze contrite nei cuori degli esseri. Non posso chiude le porte perché le ho distrutte tempo fa. Entra il vento dei dolori e mi attraversa, e cerco in vecchie scatole le cure adatte per chi ne ha bisogno... ma non ho più medicine... mi resta solo questa essenza di silenzioso vento che scuote leggermente qualche intima parte del mio inconscio. Offrirò questo piccolo vento per la tua guarigione. E' un soffio leggero che puoi sentire solo nel cuore.

Situazioni

Posted on 22 marzo 2013 by pietrochag

Quando ci si trova ad affrontare scelte importanti, che in qualche modo cambiano la propria vita, si entra spesso in una situazione interiore molto dinamica. Questo accade quando la scelta è accettata, voluta. Anche cambiare semplicemente casa, allora, diventa un'azione che ci coinvolge e ci dinamizza. Quando ci troviamo improvvisamente in una situazione dove gli altri ci dimostrano quanto siamo indispensabili, accade la stessa cosa, ci sentiamo coinvolti e agiamo in maniera viva, capace, forte. Anche quando organizziamo qualche cosa che consideriamo importante, proviamo queste stesse sensazioni e ci sentiamo vivi. Accadono molte di queste situazioni, dove proviamo questa specie di energia in più che ci soddisfa e ci fa vivere, ma il più delle volte ci troviamo in altri stati mentali, spesso noiosi o privi di questa luce. Le nostre azioni diventano quasi automatiche, ogni cosa perde valore, e ciò che facciamo ci appare quasi inutile. Perdiamo il 'sapore' della vita. Ci lasciamo andare anche a pensieri tristi o del tutto inutili perché sembrano passare in mente soltanto perché la mente non si ferma mai, e il tempo ci scorre via come non esistesse, ma senza provare quel senso d'infinito descritto da chi descrive il 'vivere senza tempo'. Anzi, il tempo lo sentiamo, e ci rendiamo conto che ci sta portando via la vita. Due condizioni conosciute da tutti, eppure difficilmente trasformabili. Siamo in balia di questi flussi che ci portano dove vogliono senza che possiamo evitarlo. Eppure basterebbe poco, basterebbe dedicarsi un po' di tempo in più. Basterebbe un po' di meditazione, un po' di

111

rilassamento, basterebbe la forza di farlo davvero e ogni cosa potrebbe cambiare. La meditazione è così diffusa in internet che non è difficile trovare una tecnica semplice per provarla. Cambierebbe lentamente questo flusso duale e lo porterebbe a essere più vicino a stati interiori migliori.

Atteggiamenti di rabbia

Posted on 21 marzo 2013 by pietrochag

Quando si cerca di risolvere i propri problemi, si ricorre spesso a un atteggiamento di rabbia. Siamo portati ad affrontarli con violenza, proprio come fossero dei nemici. Quest'atteggiamento ci porta in uno stato mentale energeticamente negativo, producendo effetti karmici che si saldano alla nostra coscienza. Può accadere che si riesca a risolvere il problema, ma di andare avanti, ma da questo momento in poi, abbiamo incamerato le cause karmiche per ritrovarci nella stessa situazione. La forza terribile della Legge del Karma non ci abbandonerà più finché le negatività che abbiamo costruito con la nostra rabbia non sarà soddisfatta. Per essere soddisfatta deve di nuovo essere affrontata. Deve consumarsi nell'atto dell'azione, così com'è nata. Se siamo incapaci di vedere questa Legge, a un nuovo problema, tireremo fuori altra rabbia, così, invece di consumare gli effetti della rabbia precedente, ne aggiungiamo altra. E' un ciclo infernale da cui sembra non poter mai uscire. Ogni volta che entriamo in azione negativamente, può essere karma che si consuma, ma per avvenire, non deve essere prodotto nuovo karma negativo. In caso contrario, si alimenta il magazzino delle negatività da scontare. Appare quindi indispensabile che si riesca ad entrare in meditazione, in riflessione su questi modi che abbiamo di essere. Il buddhismo offre molte tecniche per liberarsi dal karma negativo, ma non basta leggere, è necessario applicarle su se stessi realmente per avere degli effetti visibili. Ci sono anche altre tecniche al di fuori del buddhismo, ma il punto principale è quello di volersi liberare da questo karma, il sapere che c'è e che ci condiziona, altrimenti si dovrà continuare così per molti anni e molte vite, come in realtà accade per la maggioranza degli esseri senzienti.

I post seguenti fanno parte di scritture più recenti.

Li ho postati nel blog quantotutto.com

Sono sempre riflessioni che riguardano la sfera interiore.
Rileggendoli, riconosco una certa diversità di me stesso.
In qualche modo si cambia, non so se si cresce, ma di sicuro,
si cambia.

Le ricette giuste

Siamo coinvolti in un clima di terrore. Molti cercano soluzioni nella meditazione, nella scoperta di nuove tecniche che li aiutino a rimanere tranquilli, rilassati, sereni. Sono nati centinaia di tecniche moderne per uscire da questa sensazione opprimente di paura continua. Ognuno promette il proprio paradiso, ognuno promette la soluzione finale ai vostri problemi. La stessa cosa la fanno i politici e i governi, ognuno ha la ricetta giusta per uscire da ogni problema e far rinascere la propria nazione. Sembra che ci sia una gara a chi vi può aiutare di più. Non c'è né uno che non vi dimostrerà la correttezza e la funzionalità della loro proposta. Ogni male può essere curato, ogni negatività abbattuta. Ognuno espone il proprio cartello con la soluzione a portata di mano. E questo accade da sempre. Da sempre ci hanno dato le ricette giuste, e se le cose sono andate male, non è perché la ricetta era sbagliata, ma perché noi non siamo riusciti a cogliere il vero messaggio insito in queste vie, in queste tecniche. E' solo colpa nostra. La paura continuerà a tormentarci. Eppure, a me appare evidente, che sono proprio le vie, le tecniche, le religioni, i governi, i partiti, le credenze, in definitiva, a impedirci di essere liberi. Ogni volta che leghiamo a qualcosa di liberatorio, non facciamo altro che legarci a qualcosa, e se ci leghiamo, come facciamo a essere liberi? Poiché diamo il nostro consenso a una qualsiasi istituzione, non facciamo altro che dare la nostra libertà in gestione a qualcun altro, che solitamente è l'unico ad averne un vantaggio, di solito in termini economici o di potere, ma noi non andiamo da nessuna parte, perché aspettiamo che sia la tecnica o la via a darci la libertà. La libertà interiore non ce la può dare nessuno. La libertà siamo noi. E se non la vediamo, è perché ne abbiamo paura.

Tentativi

Anni di tentativi.
Anni dedicati alla ricerca, alla scoperta, specialmente a
quella interiore.
Meditazione, riti, ritiri, discussioni, letture, pensieri,
analisi, concentrazione, visualizzazioni... e tanto altro, per
cercare, cercare e cercare.
Visto da adesso.
Che cosa cercavo?
L'illuminazione.
Una delle parole che più hanno stimolato la mia mente.
La saggezza.
Un'altra parola "magica".
La visione profonda.
Anche questa intrigante.
Ho percorso i meandri della meditazione analitica, della
meditazione silenziosa, della meditazione noiosa, della
meditazione intelligente e della concentrazione assoluta.
Vista da adesso.
Mi chiedo se mi sia servito a progredire, a migliorare,
oppure se non era altro che un attaccarsi a qualcosa per
nascondere altro.
Sì, perché infondo, ho cominciato a capire qualcosa solo
quando ho mollato tutto.
Quando mi sono disfatto, con fatica, di tutti i miei concetti
sull'illuminazione, sulle credenze, sulle visualizzazioni,
sul buddhismo, sulla vita, sulla morte, sui debiti, sui soldi,
sull'amore, sulla compassione, e così via, ho cominciato a
sentirmi leggero.
Non illuminato, non saggio, solo leggero.

Questa leggerezza si è aperta nella mia dimensione interiore, e mi trovo, qui. E sto bene.

E non ho interesse per nient'altro che non sia la mia piccola lotta interiore per eliminare ogni cosa che tenta di rappigliarmi a qualcosa.

Sto bene. Nient'altro.

Mi sento a mio agio.

Svanita la paura di ogni cosa, anche della morte.

Svanita la rabbia per il mondo che non fa quello che volevo io.

Svanita la mia resistenza a me stesso che voleva che facessi delle cose per migliorarmi.

Più niente che si agganci in maniera costante.

Svanite le credenze imposte, e cerco continuamente di distruggere anche quelle che creo io involontariamente.

Ogni concetto che si forma e che inizia a camminare nei miei pensieri, lo distruggo.

Non voglio più niente.

Non ho più bisogno di credere in niente.

La mente non accetta questa condizione. Per questo a volte sono in discussione con essa.

C'è un risvolto anche in questo fatto.

Ho scoperto che la mente, non è una sola.

Ho scoperto che la mente non può creare da sola.

Non può costruire niente nessun concetto. Nessuna credenza, nessuna fantasia.

Non po' farlo da sola.

Per farlo ha bisogno di sdoppiarsi, di avere un interlocutore. Ha bisogno di avere qualcuno cui raccontare le sue creazioni, altrimenti, per chi le fa?

Questo qualcuno è la stessa mente che si sdoppia, tra creatore e osservatore.

L'osservatore controlla, annuisce, nega, accetta, rifiuta, si congratula, si gratifica, oppure si nega, si rifiuta di proseguire e ti convince a cambiare argomento.

Osservatore e osservato si aiutano a vicenda, e intanto consumano ogni stilla di energia interiorei n futili e inutili tentativi di capire, di creare qualcosa di diverso.

I pensieri continuano a emergere e a creare nuovi e intensi ragionamenti, nuovo alimento per nuovi giorni pieni di pensieri.

Eppure, i pensieri non sono nuovi.

I pensieri non sono mai nuovi. Sono pensieri già costruiti, già fatti, già vissuti.

Non c'è niente di novo nei pensieri.

Tutti i pensieri che emergono a queste due menti, non sono altro che il frutto di esperienze, di accumulazioni, di ricordi che provengono dalla memoria.

Non c'è niente di nuovo nella memoria.

Se è memoria, è qualcosa di già visto, di già vissuto.

La mente non può creare nuovi pensieri. Si deve per forza riferire a quanto ha dentro di sé.

Può modificarli, può comporli in maniera diversa, può metterli assieme in maniera che appaiano nuove concezioni, nuove credenze, nuova poesia, ma prende ogni cosa in qualcosa di già vecchio, nella memoria.

Quindi, a cosa serve pensare?

Serve a gestire la propria vita sociale, la propria vita materiale.

Interiormente, non ha senso, non serve a niente se non a creare confusione e conflitto.

Eliminare l'osservatore. Non serve.

Se si rimane senza osservatore, non si può più costruire niente. L'osservatore è il tramite tra il presente e i ricordi.

Se non si hanno ricordi, non si può costruire. Se non si

costruisce, si rimane nel presente, se si rimane nel presente, c'è solo una mente, e non ha bisogno di pensare attraverso i ricordi. Riceve le informazioni in termini così immediati, che non si ha bisogno di pensarli, ma diventano azione immediata.

E quindi a cosa serve fare un percorso, se non a convincersi di teorie pazzesche che distruggono vite intere? Un percorso ti obbliga ad anni di pratiche, di studi, di energie date ad altri, di energie sprecate, di energie rubate per mantenere in piedi strutture che esistono soltanto per consumarci l'esistenza, facendoci credere che senza di esse…..

Non c'è niente.

Ed è così.

Non c'è niente.

Ed è meraviglioso.

Qualcosa che non va

Da qualche tempo ho trascurato questo blog.
Forse coinvolto in faccende più importanti, forse solo
perché la sensazione di dare va a scontrarsi con un mondo
che non vuole ricevere.
Eppure, mi piace sempre dedicare un po' di tempo a chi
scrive su internet, trovando spesso dei post attraenti e con
un significato pieno di emotività che vuole esprimersi.
Trovando spesso, dico, ma è necessario dedicare del
tempo, perché prima di trovare post così interessanti, ne
devo leggere altri, che non mi danno il benché minimo
sospiro di passionalità.
Come se scrivere, diventa un obbligo, un dovere, un
qualcosa che bisogna fare per cambiare la testa alla gente.
Mi chiedo: ma è davvero necessario cambiare testa alla
gente?
Oggi, in questi giorni, con una zona dell'Italia colpita dal
terremoto, vedo che la testa della gente è subito dalla parte
di chi sta soffrendo.
Ognuno, con le proprie possibilità e capacità, offre un
pensiero di aiuto a queste persone.
Chi può, cerca il modo di mandare anche qualche soldo. E
ancora, chi può, parte, e va sul posto per dare una mano.
Le testa della gente c'è.
Quando c'è sofferenza, la gente scopre la propria testa
sulle spalle. E si offre per come può.
Quello che manca è forse la coscienza di questa presenza
costante.
Siamo sempre con la testa sulle spalle.
E' probabile che qualcuno ci carichi di pesi che non
meritiamo di portare. Qualcuno che preferirebbe che la

nostra testa, rimanesse sotto la sabbia. Qualcuno che ha bisogno di noi senza testa.

E per toglierci la sensazione di averne una, ci caricano di pesi che ci schiacciano.

Viviamo in una società che per la maggior parte, è sana, vitale, piena di energia, eppure riescono ad appesantirci fino a non rendercene conto.

Ci soffocano e ci oscurano la luce degli occhi e le scintille della mente con argomenti e pubblicità, con sì o no, con promesse e scommesse, con neri o bianchi, con buoni o cattivi, con nord e sud, con destra e sinistra.

Ci svuotano il cuore.

Molti ci vogliono così. Senza testa e senza cuore.

Macchine o schiavi obbedienti a entità senza vita.

Burocrazia. Leggi, regolamenti, codici, postille, commi. O minacce, galera, multe, imposte, equitalia.

Non dobbiamo pensare di avere un peso sulle spalle, non devono lasciarcene il tempo, altrimenti, potremmo pure iniziare a pensare che c'è qualcosa che non va.

Qualcuno dice che va tutto bene, e che quello che non va bene, andrà meglio tra poco.

E se a qualcuno non va bene, è solo perché è sfigato.

Ma si. Vedrai. Sarà un mondo luminoso per tutti.

Intanto, aspetta, non alzare la testa, vedrai, arriverà il tuo momento.

Aspetta. Aspetta. Aspetta.

Nulla è qui

Non rimane nulla.
Dinanzi alla consapevolezza, ogni cosa svanisce.
Né vie, né sacerdoti,
né maestri, né compagni di viaggio.
Una vastità senza fine che inonda ogni limite,
un silenzio che non ha bisogno di essere definito.
Non c'è libertà, non c'è prigione,
non c'è volo ne adagiarsi.
Non c'è compassione, né amore,
un andare senza muoversi.
Un dare senza ricevere. Un ricevere senza volere.
Ieri, oggi, domani, hanno terminato il loro essere.
Non c'è più un adesso.
Nulla è qui. Tutto è qui.
Non scorre, non si ferma.
Non va e non viene.

…magari nel Bardo

A volte riceviamo insegnamenti che ci dicono che
dobbiamo vivere le nostre emozioni, le nostre reazioni, la
nostra paura, la nostra vita in maniera profonda e intensa.
Che dobbiamo vivere ogni attimo del nostro presente
accettandolo con umiltà. Che dobbiamo avere
compassione, oltre che degli altri, anche di noi stessi e
tanti consigli simili.
Così, il discepolo che ascolta un tale discorso, si rende
conto che deve applicarsi a vivere intensamente.
Il modo è di diventare una specie di osservatore perpetuo
di se stesso. Cercando di cogliere ogni cosa che sembra
non essere in armonia con simili insegnamenti, e
intervenendo massicciamente richiamandosi all'ordine, o
intensificando le pratiche perché è necessario correggere
questo tipo di comportamento.
Si diventa gendarme di se stessi.
Se non mi tengo sotto controllo, non potrò mai
realizzarmi.
Questo è il pensiero che ci porta ad auto controllarci
continuamente.
E le cose non vanno meglio di prima. Anzi, spesso
diventiamo più confusi e non riusciamo a capire perché gli
insegnamenti, soprattutto le pratiche, su di noi non
funzionano.
Altri ci raccontano di esperienze incredibili, magiche,
speciali, hanno visioni, parlano con le divinità, le sognano
ogni notte e così via.
E noi? Noi non riusciamo a capire. Diventiamo sempre
più confusi.
Cominciamo a pensare che per noi non c'è scampo. Siamo
nati con un karma troppo negativo. Siamo persi.

Continuiamo a seguire il Dharma perché almeno abbiamo
la certezza che qualcosa di buono ci capiterà di sicuro,
magari nel Bardo.
Tutto questo è solo Fede.
Non è vita. Non è Essere. Non è Illuminazione. E' solo
Fede.
E se allora dobbiamo basare la nostra vita sulla Fede, non
stiamo facendo altro, ancora una volta, che delegare ad
altri o ad altro, la nostra esistenza.

Si è trasparenti

Il nostro vivere, il nostro Essere così come si è, non ha bisogno di analizzare. Non ha bisogno di capire in termini concreti.

Il nostro Essere non tiene conto di alcuna autorità. Né maestri, né politici, né parenti, né esoterismi vari.

Il nostro essere è qualcosa che utilizza un'osservazione profonda dei fatti esteriori e interiori, senza porsi da nessuna parte. Lo fa con la capacità innata che è parte di noi da sempre.

Non ha bisogno di scrivere, di parlare, di capire, di spiegare.

Il nostro Essere osserva senza che vi sia un osservatore. E' aperto, trasparente, invisibile, impalpabile. E' presenza viva, senza che vi sia alcuno che lo definisca in questo modo.

Il nostro Essere non conosce il credere o il non credere. Non conosce l'amico o il nemico. Non ne ha bisogno. Ha bisogno soltanto di essere lasciato libero. E quando non sappiamo farlo, quando riempiamo la nostra mente di concetti, di credenze, di misteri, di assurdità di ogni tipo, questa capacità non se ne cura minimamente. Continua a essere com'è. Con la differenza che la nostra presenza non la riconosce più perché è sotterrata da montagne d'idiozie che crediamo, e ci convinciamo che sia così, che siano tutte cose importanti alle quali non si può rinunciare.

La stessa rinuncia, così ben descritta in alcuni testi, non ha alcun senso per questo Essere.

La stessa Compassione non ha alcun senso per questo Essere.

Il male e il bene non hanno alcun senso per questo Essere.

Eppure è ciò che si è. Totalmente.
Si è trasparenti. Eppure vi è azione, vi è vitalità, vi è
senso.

Ciò che siamo

Il presupposto è che "i Maestri servono."
La frase contiene il senso del nostro bisogno di un
Maestro. Siamo così convinti che i Maestri siano
indispensabili, che il più delle volte la maggioranza delle
persone, diventano "dipendenti dai Maestri".
Ogni discepolo, e mi riferisco in particolare al mondo
buddhista, dove il Maestro è detto "indispensabile",
ritiene, a torto o a ragione, che il proprio Maestro sia
sicuramente un Illuminato, e che come lui ve ne possono
essere altri, ma il proprio è davvero particolare.
Così si apprendono i fondamenti delle pratiche meditative,
le visualizzazioni, la recita corretta dei Mantra, la recita
corretta della Pujia, e si esegue il tutto, più o meno, così
come deve essere fatto.
Si diventa così dipendenti che ci si è dimenticati
totalmente di rispondere alle domande che ci hanno portati
a cercarli, a incontrarli, ad affidarci a loro.
Prendiamo per eccellenti le varie pratiche che ci danno e
iniziamo a seguirle calandoci in una specie di pozzo senza
fondo, infinito, senza capire se questo pozzo ha il fondo in
basso o in alto.
Le nostre domande, le domande della nostra coscienza,
quelle che ci hanno portati a cercarli, sono scomparse.
Come se questo incontro le avesse totalmente cancellate.
Non è così.
Le domande ci sono ancora. Abbiamo soltanto cessato di
pensarle, le abbiamo messe da una parte.
Chi sono io?
Dove vado?
Da dove vengo?

Cosa ci faccio qui, in questo mondo?
I Maestri ci dicono di fare le pratiche, di praticare, di meditare. Troveremo la risposta nei metodi e nelle tecniche che ci sono insegnate.
E allora continuiamo a dare fiducia al Maestro.
E continuiamo ad allontanarci da noi stessi. Deleghiamo.
Deleghiamo ancora una volta la possibilità di diventare Oltre al nostro Maestro.
Non si riesce a cogliere questo senso. E' nascosto dalla paura di fallire.
Questa insicurezza è ciò che ci impedisce di essere noi stessi. E i Maestri, bravi quanto vuoi, non hanno mezzi per impedirci di essere ciò che non siamo.

Vivere consapevolmente

Abbiamo così tante sofferenze nel mondo e attorno a noi, che parlare di pace e serenità sembra un'assurdità. Eppure non abbiamo altra possibilità che questa per cambiare in meglio il nostro mondo. I grandi saggi del passato, i grandi saggi di oggi, continuano a ripeterci che l'unica possibilità di cambiare questo mondo è di coltivare la pace, la saggezza, la consapevolezza in noi stessi.
Non ci sono messaggi che ci danno altre possibilità.
La centralità dell'individuo è sempre stata al centro delle attenzioni di tutti i messaggi dei grandi saggi del mondo.
Sappiamo anche che non tutti gli esseri umani coltivano un presente positivo.
Le guerre, le carestie create ad arte, l'ingordigia, l'avidità estrema di alcuni, non vogliono che l'essere umano sia in pace. Il loro obiettivo è diverso. Il loro obiettivo è l'accumulo di ricchezza, la possibilità di dominare gli altri secondo i loro progetti.
Non credo che ci siano ancora molte persone che pensano che le cose del mondo vadano così per puro caso. Potenti lobby gestiscono il mondo, e queste lobby non hanno a cuore la serenità dell'essere umano. Hanno a cuore la stabilizzazione dei loro piani, che non tengono conto dell'umanità.
Non sono piani che riguardano l'attuazione durante la loro stessa vita, ma hanno un lungo margine di tempo di attuazione. Vanno avanti da generazioni, e continueranno così finché non attueranno il loro piano.
E' il piano il loro obbiettivo, non la loro elevazione personale, anche se in questa vita hanno privilegi importanti.

Accettare queste osservazioni può essere difficile, ma le cose vanno in questo modo.

Dall'altra parte, ci sono quelli che cercano di cambiare le cose, mettendo la persona al centro del mondo.

Sono le persone che seguono vie pacifiche, vie di meditazione, vie spirituali.

Forse siamo in pochi, forse non siamo forti come loro, ma ci siamo.

Il nostro compito è di continuare a creare serenità, pace, spiritualità.

Se le positività verranno a mancare, avrà vinto il dominio di pochi su molti.

Se le positività si accresceranno, contrasteranno sempre il sopruso, il dominio, la decadenza dell'uomo.

Abbiate il coraggio di vivere consapevolmente.

Indice